POURQUOI

DES JOURNALISTES?

POURQUOI

DES JOURNALISTES?

OU

LA VÉRITÉ A CEUX QUI LISENT LES JOURNAUX

PAR L'AUTEUR DE *LA PROPHÉTIE*.

> Race de vipères, comment pourriez-vous
> enseigner le bien, puisque le mal est en vous!
> Car de l'abondance du cœur naissent les
> paroles que prononce la bouche.
>
> (MAT., 12-34.)

PARIS

CHEZ LEDOYEN, ÉDITEUR, GALERIE D'ORLÉANS, 31.

1857

PREMIÈRE PARTIE.

LE JOURNALISME.

Je parcourais en touriste les chemins de fer de la Belgique, quand, arrivé à une station de repos, j'entrai dans la première librairie qui s'offrit à mes regards, sans autre intention que celle d'y faire l'acquisition d'un livre d'un format commode.

Nous étions à l'époque où le petit nombre des véritables penseurs était sous l'impression de la douleur profonde causée par la mort prématurée de l'illustre poëte polonais Adam Mickiewicz, l'une des plus grandes lumières de notre siècle.

Un bonheur inespéré me fit mettre la main sur le livre trop peu connu des *Pèlerins*, qu'a si bien traduit M. le comte de Montalembert (édition de Bruxelles, Tischer, 1834).

Je goûte peu l'éloquence imprimée dont j'ai reconnu de notre temps l'impuissance à former les convictions ; mais s'il est un honneur que j'aie jamais envié, c'est la gloire d'avoir écrit un avant-propos que d'autres admireront comme un chef-d'œuvre d'éloquence, mais qui m'a paru avant tout le dernier effort de la moralité chrétienne.

Dans ce petit volume de 243 pages, j'ai distingué des vérités d'une gravité telle, que jamais aucun des livres les plus prônés par les cent mille bouches de la publicité moderne ne m'a rien offert de comparable.

Citons au hasard :

« Que le monde se tienne pour averti que la série des grands châliments commencera à l'apogée de l'égoïsme, cette dernière idole du genre humain, dont les philosophes, les savants et les sages du siècle seront les premiers à enseigner et à honorer le culte.

« L'industrie qui a été donnée à l'homme, non pour l'enrichir par le luxe, mais pour le faire vivre par le travail, est dégoûtante de souillures depuis qu'elle est devenue la mère de la cupidité.

« Les peuples, voyant que son dogme est protecteur, l'ont admis dans leurs États; sous sa direction, ils ont organisé et propagé le culte de l'intérêt; il se sont mis d'accord pour construire d'immenses palais à la statue du bien être matériel; ils n'ont pas compris que jamais le bonheur des peuples n'est sorti des conseils des industriels.

« Tous ceux qui ont grandi par les arts du libre-échange, qui fabriquent vite, qui spéculent bien et qui possèdent beaucoup, ont proclamé le monde bien organisé en face de l'ouvrier destiné à ne plus voir diminuer le prix des denrées, même dans les années d'abondance; les riches, devenus aveugles comme les philosophes, n'ont pas vu que, sous l'égide de l'aisance personnelle, il y avait division partout, car le mot égoïsme signifie qui est seul.

« Les hommes, sans autre conviction que la science du bien-être physique, convoitent les richesses pour y dormir sur un lit de repos, le seul capable, désormais, de leur faire aimer la vie, jusqu'au jour où, devenus avides outre mesure du papier qui se convertit en or, ils seront réduits dans leur détresse à mâcher ce même papier.

« Des discussions interminables sur ce qui est utile ou nuisible s'élèveront de toutes parts, quand déjà personne n'écoutera plus les discours sur ce qu'est la justice ou la charité.

« L'écrivain qui se présentera aux riches, sans leur promettre de leur être utile, leur paraîtra un rêveur jusqu'au jour où la prospérité sera vaincue par la famine.

« Le genre humain n'ayant plus d'hommes sur lesquels il puisse se reposer, cherchera son appui dans des lois dérisoires au fond desquelles sont la confusion et le désespoir; on s'apercevra alors que les hommes de tous les pouvoirs sont toujours au pouvoir, et que les hommes de la science humaine trouvent toujours à qui débiter leurs pernicieuses doctrines.

« Les nations, n'étant plus récompensées de se sacrifier les unes pour les autres et ayant acquis l'expérience de la jalousie de leurs gouvernements, ne chercheront plus que leur propre avantage.

« Si le monde pouvait être sauvé, il ne le serait pas par les riches, souillant leurs richesses dans l'irréligion, mais par les pauvres sanctifiant leur pauvreté dans la foi, car le chrétien seul sauve encore l'ordre social, par la raison que ce qu'il entreprend est utile à autrui.

« Qui sera assez fort pour s'élever contre la Vengeance au moment où elle sortira de sa sombre retraite pour juger les forts et les puissants ? Ce jour-là les malheureux se tiendront à distance et ils diront à la Vengeance : Ne viens pas à nous qui avons fécondé le sol aride afin qu'il donnât de bonnes moissons; va plutôt à ceux qui ont corrompu les biens de la terre en nous les vendant au poids de l'or; adresse-toi à ceux qui nous ont imposé la volonté de leur législation, quand nous ne leur demandions que le fruit de notre salaire. »

L'auteur du petit volume qui a inspiré de semblables réflexions a du moins prouvé que, quand un peuple n'a plus de nationalité qui lui permette d'entreprendre de grandes choses par lui-même, il est resté grand par le talent de ses écrivains, s'il a su se maintenir uni sous la protection de l'Évangile.

Pendant le reste de mon voyage je me complaisais à voir quels seraient les honneurs rendus par les divers organes de la publicité aux mânes de cette haute intelligence que M. le comte de Montalembert avait si bien su distinguer et placer hors ligne : c'était l'occasion naturelle d'attirer l'admiration sur cent pages immortelles, dont cent volumes vides de sens de tous nos modernes vendeurs de phrases ne sauraient atteindre la hauteur.

A mon retour en France, je n'eus rien de plus pressé que de consacrer plusieurs heures par jour à compulser les collections de journaux, dans l'espoir d'y trouver une étude sur le poëte polonais, ou au moins la mention des ouvrages qui ont immortalisé sa mémoire.

Qui le croirait, si je n'avais pas qualité pour l'affirmer ! sur cette terre de France, si renommée pour sa générosité envers les héros de la pensée humaine, et aujourd'hui silencieuse comme la dernière des nations, au moment même où, sur des plages lointaines, au milieu de ses armées, disparaissait à son service un des plus nobles enfants de la liberté intellectuelle, je n'ai trouvé dans les journaux français que cette froide mention :

« *Adam Mickiewicz, bibliothécaire de l'arsenal, vient de mourir en Orient.* »

Sans cette revue rétrospective, je n'aurais pas bien su à quoi étaient occupés les esprits en France, lorsque s'accomplissaient en Orient de si prodigieux événements.

La nomenclature des annonces les plus fades et les plus dégoûtantes, de tous les bénéfices réalisés, de toutes les mises en loteries, de toutes es sottises, de tous les suicides, de toutes les âneries, de toutes les escroqueries, de tous les crimes les plus difficiles à imaginer, qu'il m'a fallu dévorer d'un bout à l'autre du journal, était telle, que, malgré la grande connaissance que je prétends avoir des vices particuliers à notre époque, cet étalage de honte et d'ignominie a de beaucoup dépassé mes plus tristes convictions et mes plus lugubres prédictions.

Le cœur profondément navré, je fis visite à un Polonais de mes amis qui se trouva avoir fait la même réflexion que moi sur le silence des journaux français à l'endroit d'Adam Mickiewicz, mais qui s'en consolait par la raison que sa mort avait eu un immense retentissement parmi les Polonais. Il me communiqua la traduction d'un sermon prononcé dans la cathédrale de Posen, et devant l'archevêque.

C'était l'eau sur mon moulin ; car c'était la réhabi'itation, par un prêtre catholique, d'un poëte contre lequel les ennemis du catholicisme avaient obtenu à Rome un acte de blâme.

Une semblable manifestation catholique en face des sbires du protestantisme prussien ; un vicaire de Jésus-Christ exaltant le génie de l'amour chrétien ; l'Eglise implorant la protection du ciel contre les oppresseurs ; tout cela me parut une œuvre qui, plus que toute autre, encore plus par le caractère du héros que par l'importance du rôle qu'il a joué, était de nature à faire revivre l'éloquence sur les grandes questions morales.

L'effet de cette double réaction en sens inverse fut une plus grande admiration de ma part pour la Pologne, et un plus grand mépris pour le journalisme. Ce parallèle, renfermant des enseignements d'une haute importance et d'une véritable opportunité, je crois utile, dans les intérêts de la vérité, de faire partager mes convictions par ce public qui aime la franchise et l'indépendance.

Le XIX⁰ siècle appartient au journalisme ; il a créé les partis ; il les a fascinés, mais il les a perdus, et il a achevé de se suicider par le mercantilisme ; sa livrée est devenue celle de la spéculation ; il ne peut plus désormais s'écrire qu'avec une plume de métal : il est devenu Israélite.

Jusqu'aux grands journaux, jadis empreints d'une pensée politique, ont cédé la première place au tarif de l'annonce et de la réclame. Hier, leur intérêt était uni à celui des orateurs et des défenseurs de toutes les nationalités, parce qu'alors la tribune conduisait aux honneurs et à la fortune ; aujourd'hui, il se confond avec celui des financiers et des spéculateurs, parce que les agioteurs et les hommes d'affaires gouvernent leur époque ; demain, il s'identifiera avec celui des agitateurs, si la monnaie se frappe à l'effigie de la terreur.

L'émancipation du citoyen a été l'enfantement du journalisme; mais, après avoir fait de l'électeur un citoyen, il se trouve que le citoyen est aujourd'hui moins que l'homme, et que l'humanité, pour ne pas périr, est réduite à chercher une meilleure base que celle du civisme, aujourd'hui une lettre morte.

Demandez-vous ce que devrait être une œuvre de patriotisme, de moralité et de propagation, et rendez-vous compte de la facture de tous les journaux du jour. Les maisons de jeux, les maladies secrètes, les dentistes, les docks des viveurs qui recommandent la vie à bon marché, remplissent une moitié du journal; le quart de la seconde moitié est réservé au bulletin financier.

Un jour, ce bulletin commence par ces mots sacramentels qui reparaîtront invariablement tous les trois ou quatre jours : « Les affaires ont été aujourd'hui un peu plus actives; les actions de la caisse des chemins de fer sont très-demandées; nos fonds publics sont plus fermes. »

Le lendemain, le même résumé commence par ces autres banalités : « Les fonds sont calmes; les actions du crédit mobilier sont très-offertes. »

Tous les jours, sans en excepter le dimanche, ces journaux ont leur grand et leur petit résumé du bulletin financier, ce qui signifie que dans les lieux publics, comme dans les salons, la hausse et la baisse font l'aliment exclusif des conversations.

A l'autre page, commence de cette façon, le récit d'un roman : « Le soir même, une nouvelle circonstance... »

Le lendemain, vous trouvez à la même page, l'analyse d'une nouvelle pièce de théâtre.

La moitié du dernier quart est alimentée par l'éternelle série des faits divers.

Les interpages reproduisent les mercuriales des halles et marchés, les arrivages transatlantiques, les envois d'or et d'argent, les communications de journal à journal.

Que reste-t-il après cela pour constituer un fantôme d'œuvre utile? Rien de substantiel, sinon les nouvelles télégraphiques, les caquets de cour, les nominations de fonctionnaires, les arrêts des tribunaux et les communications officielles.

Aussi, un journal ne se lit plus d'un bout à l'autre, encore bien moins se médite-t-il. Il se parcourt à la hâte, suivant l'intérêt du jour ou la position spéciale de l'abonné.

En effet, sur dix mille abonnés, à peine quatre ont-ils besoin qu'on leur donne l'adresse des tripots ; à peine trois ignorent-ils la meilleure recette pour les maladies secrètes ; à peine deux sont-ils désireux de changer de dentiste ; à peine s'en trouve-t-il un seul qui ne sache quels sont les bains de mer où les jeux de cartes aient le plus de faveur, et pas un qui ait besoin qu'on lui apprenne comment il doit dîner avec ce qu'il a d'argent dans sa bourse : dès lors un journal n'est plus qu'une reproduction de l'affiche collée au coin de la rue.

Si l'affiche n'est pas sans scandale, elle est du moins sans danger ; il n'en est pas de même du journal qui prostitue ainsi l'autorité de son éditeur responsable. Le docteur Albert, Biétry, les bains de Hombourg, les entrepreneurs de loteries, tous ceux en un mot qui constituent un conseil de surveillance pour avoir un étalage de grands noms, qui montent aux frais des dupes une société factice, ou un établissement éphémère, pour s'en débarrasser après un achalandage de contrebande, versent des sommes fabuleuses au bureau central des annonces ; cette officine, devenue la doublure du journalisme ainsi monopolisé, verse à son tour jusqu'à cent, et cinq cent mille francs, suivant la grandeur du format ou le nombre des abonnés, dans la caisse du journal pour avoir une page à sa disposition.

Êtes-vous en lutte avec la France, et est-il de votre intérêt d'y donner de la publicité à vos projets ou de connaître les siens, versez à votre tour une somme ronde dans la caisse du bureau central, et son directeur saura bien insérer votre article à la page dont il dispose, ou publier les documents qu'il vous importe de connaître dans les colonnes d'un autre journal : il les ferait passer par les journaux de Bruxelles ou de Londres plutôt que de manquer à gagner votre argent.

Le journal qui fait ses frais par ce canal n'a plus besoin ni d'écrivains, ni d'hommes politiques, mais bien plutôt de calculateurs et de correspondants. Aussi le but direct de tout journal est-il d'étendre le commerce des annonces à toutes les catégories de lecteurs ; depuis le fonctionnaire qui siége sur les bancs de la justice, jusqu'au lévite qui dessert la dernière succursale du royaume. C'est par la lèpre des annonces que le journalisme est arrivé à être l'invention la mieux perfectionnée pour battre monnaie sur toute espèce d'enclumes.

L'unanimité des journaux à mettre en relief tout ce qui a trait aux vendeurs et aux acheteurs, aux producteurs et aux consommateurs, aux spéculateurs et aux viveurs, prouve que les journalistes ont été les premiers à comprendre que la société humaine tendait à se transformer en une agglomération d'individus enhardis par toute sorte de succès à se disputer à toute espèce de titres la première place à la table où l'on dîne le mieux, et le premier rang au spectacle où l'on rencontre le plus de riches.

A ces réformateurs de transition et de circonstance lancés à pleines voiles, par le courant de la spéculation, dans cette large voie du sensualisme enté sur la cupidité, qui ont trop de fréquentation avec les hommes de loisirs pour ne pas aimer leurs habitudes, et trop de mobilité dans l'esprit pour conserver des convictions fermes, qui détestent trop la gêne et dédaignent trop peu l'aisance, ne demandez pas un examen sérieux et sincère des vérités qui font la moralité des nations; leurs plus savantes élucubrations ne sont que le développement mille fois rebattu des théories qui apprennent à aduler les riches : de la première à la dernière page tout y respire le parfum de l'argent et l'essence de l'or.

Contents d'être les historiens de la foule, ils ont été les dépositaires infidèles des conquêtes de nos pères; ils ont préparé, fait et écrit les grands événements de leur siècle, mais ils n'ont introduit dans leur doctrine le symbole d'aucune consolation, de même qu'ils n'avaient déposé le certificat d'aucune vertu au fond de l'urne électorale qu'ils avaient environnée d'une couronne de diamants, afin de la présenter aux masses comme un remède à tous leurs maux. En les dotant du suffrage universel, il s'est trouvé qu'ils ne les avaient enrichies d'aucunes dépouilles : après comme avant, le peuple s'est trouvé un zéro de plus dans l'art plus savamment perfectionné de grouper les chiffres pour distribuer les rôles politiques.

La puissance morale a fait défaut aux journalistes qui l'avaient déplacée sans savoir comment ils la reconstitueraient, n'ayant même pas pour eux la force de l'organisation. Avant que par leur semblant de remontrances philosophiques ils aient ramené les enfants au respect envers les parents et les domestiques à la fidélité envers leurs maîtres, ils auront, par la contagion de leur égoïsme, enseigné aux ouvriers des ateliers, qui sont la force agissante de la nation, à séparer leurs intérêts de ceux de leurs patrons.

Qu'apprennent donc ceux qui ont le courage et la patience de lire tous les journaux pour se mettre sous la protection du rédacteur le plus véridique? Rien, sinon que les événements dont les journalistes sont les appréciateurs, sont susceptibles de plusieurs explications contradictoires, sans que cependant une seule des leurs soit la véritable.

Aux époques ascensionnelles de l'esprit humain, le jeune homme qui avait fini ses études apprenait l'histoire dans les livres; aujourd'hui il aspire, sous l'influence des journaux qui font du licencié un avocat émérite, à connaître plutôt les affaires que les hommes, car à l'aide de la science du journal on peut parler de tout, au lieu qu'avec l'intelligence et la science de l'histoire on ne trouve plus avec qui causer.

Depuis que les ouvrages sérieux n'ont plus l'attrait ni la valeur d'un article de journal, les jeunes gens à leur entrée dans le monde sacrifient, pour la stérile distinction de recevoir à leur adresse un journal qui ne contient pas une seule ligne utile à leur profession, ni une seule pensée profitable à leur cœur, des sommes annuelles qui auraient suffi pour monter une bibliothèque choisie.

Les écrivains consciencieux ayant été distancés par les publicistes et les économistes à la toise, il est devenu possible à un financier illettré de se substituer au gérant dans la direction de n'importe quel journal ; avec sa réputation d'habile calculateur et suivant la fécondité du sillon dans lequel il sème sa graine, il trouve tout de suite des milliers d'abonnés qui applaudissent ostensiblement à ses combinaisons sans connaître le premier mot de ses secrets.

En voyant l'éloge que font à l'envi les journaux de toute entreprise qui offre de grosses primes en perspective, il est difficile de ne pas croire que les chemins de fer et l'agiotage soient considérés par le journalisme comme les dernières voies de salut pour la civilisation moderne ; il ne va pas encore jusqu'à faire l'apologie des filouteries qui sont décorées du titre de spéculation ; mais déjà il entonne les chants de la victoire, se glorifiant d'avoir gagné à sa cause les organes officiels du gouvernement en les amenant à déclarer, par une inadvertance inexplicable, en pleine tribune, que le pouvoir n'est pas en position d'appliquer les dispositions protectrices de la loi contre les marchés à terme.

Votre spéculation serait-elle la plus futile ou la plus démoralisante des inventions, pourvu qu'elle soit ou spécieuse ou profitable aux grosses caisses, que seulement elle soit de nature à favoriser l'extension des spéculations fiévreuses et grossir la cote des affaires reçues au parquet, les hauts barons du journalisme vous ouvriront à deux battants les portes de leurs salons.

Mais vous présentez-vous au rez-de-chaussée de n'importe quel journal avec l'offre d'un bon livre qui n'a trait à aucune manœuvre d'actualité, à six mois de distance vous ne trouverez aucun employé capable de vous dire à qui est échue la mission de vous adresser un accusé de réception.

Dans la crainte de porter préjudice au mouvement des affaires, tout ce qui ressemble à une critique est écarté par le journalisme ; même les transactions sur les subsistances sont dénaturées ; toutes ses faveurs sont réservées aux questions qui intéressent les floueurs de la cité, voire même les petits intérêts du journal de la localité, ce qui est tout un, car combien n'existe-t-il pas de journaux de province dont les principaux rédacteurs n'ont jam is quitté la capitale! Le monopole resté le plus intraitable est celui du journalisme qui a tant crié contre tous les monopoles et toute espèce de dotations; les considérations qui lui sont personnelles ont toujours eu pour lui le pas sur celles qui étaient les plus inhérentes à la moralité des nations; il s'est dit le palladium des libertés publiques quand elles n'étaient à son point de vue que le droit de tout dire et de tout attaquer.

L'accord tacite des hommes influents et des journalistes, sur les seules matières bonnes à examiner et à discuter, a eu l'inconvénient d'abaisser l'esprit public, en même temps qu'il a refoulé en dehors de la sphère sociale les hommes de cœur et d'énergie, en les forçant à chercher ou en eux-mêmes, ou dans la puissance du nombre, leur point d'appui et leur direction.

Devenus intermédiaires entre les hommes de lettres et les hommes d'argent, les journalistes ont décapité ceux-là et déifié ceux-ci, en les confondant dans un banquet où le poëte assis à table à la droite du dieu Plutus a passé en son honneur de la satire à l'idylle, et a exhalé les parfums de sa poésie dans la coupe du veau d'or.

L'imberbe et le barbon sont également aptes à servir avec le même grade dans l'état-major de la milice du journalisme : ainsi vous êtes à peine adulte, mais dans l'ordre religieux, vous êtes un enfant de chœur intelligent et docile ; dans l'ordre politique, vous devez à vos relations de famille l'avantage de passer votre vie parmi les familiers de la pensée gouvernementale. Déjà dans ces deux situations vous savez refléter en termes élégants des opinions qui ne sont pas les vôtres ; c'en est assez pour vous mettre à la tête d'un journal qui vous permettra de parler tous les jours et sur toutes les matières; soit au nom de l'Église, soit au nom du salut de l'État. Dans l'ordre financier, vous atteignez les limites du dernier âge, ce qui fait que vous avez eu le malheur de subir deux condamnations, ou de faire trois fois faillite ; mais vous êtes le Nestor de l'industrialisme, c'est le moment de faire une fin glorieuse en vous enrôlant dans les tiroirs de la presse industrielle, d'où vous pourrez d'un côté constituer au besoin en suspicion les transfuges de la presse politique avant que le prix du marché soit connu ; d'autre part, brider les illuminés de la presse conservatrice dans le cas où il leur conviendrait de prendre le mors aux dents contre les empiétements des banquiers; et enfin, empêcher les pénitenciers de la presse religieuse de vendre au loin leurs préceptes de morale plus cher qu'ils ne sont cotés au bureau central des tarifs.

Où le flot toujours croissant des cultivateurs qui abandonnent le sillon pour venir s'empiler dans les magasins de la capitale a-t-il puisé cette fureur du déclassement des conditions avec tous ces pernicieux instincts de luxe et d'ambition, sinon dans les encouragements et les éloges imprudemment décernés par le journalisme à quiconque fait fortune dans le commerce et dans l'industrie ; sans jamais leur dire que le monde industriel est uni au monde moral par un lien indissoluble ; sans jamais les avertir que l'harmonie venant à être détruite, les forces de l'industrie réagiront contre le monde matériellement organisé, et seront aussi puissantes pour la destruction qu'elles ont été actives pour la civilisation ? Comment pourrait-il avoir la prévoyance de l'avenir, quand tous les jours de nouveaux journaux se fondent pour propager la croyance que les guerres internationales deviendront impossibles quand la puissance de l'argent aura son niveau et son régulateur sur tous les grands marchés du monde !

A l'époque où le drapeau de l'Église militante a été témérairement détaché par des mains audacieuses de la coupole du Vatican pour être gardé à vue dans le laboratoire d'un publiciste, sous le faux prétexte qu'il serait mieux défendu par des athlètes revêtus, pour la circonstance, du costume de gladiateurs, que par les martyrs de la résignation ; le journalisme, alors à l'apogée de sa puissance, croyait avoir acculé le christianisme en remportant contre lui la grande victoire de la liberté des cultes que ses nouveaux adversaires n'ont pas cru prudent de lui disputer ; mais peu d'années ont suffi pour mettre en évidence l'erreur des deux partis, car depuis que les grands intérêts du christianisme ont été rapetissés à la mesquine question de savoir s'il vaut mieux être ultramontain que gallican, la foi est manifestement décroissante chez les hommes qui sont ceux qui se nourrissent de la lecture des journaux ; elle se soutient au contraire chez les femmes qui ne les lisent point : d'un autre côté, l'indifférence que le journalisme avait travaillé à créer contre la religion, a réagi contre lui-même. Déjà hier on ne savait plus pour qui voter, sous l'influence des journaux, avec la certitude d'avoir l'expression de sa couleur politique : demain on ne saura plus quel journal lire avec l'assurance que la nuance de ce journal ne changera plus. De là cette atonie qui fait qu'un journal présentement n'entraînerait pas deux épiciers et quatre gardes nationaux à l'assaut d'une conquête politique.

Car lorsqu'on a lu un journal d'absolutisme, on sait un peu moins bien qu'auparavant ce qu'est le despotisme, attendu que les czars ont aujourd'hui, pour la forme, des constitutions écrites.

Quand on a lu un journal démocratique, on sait un peu moins bien qu'auparavant ce qu'est le socialisme, attendu qu'il fait plus de cas de l'égalité de fortune que de l'égalité des droits.

Quand on a lu un journal radical, on sait un peu moins bien qu'auparavant ce qu'est le droit politique, attendu que la théorie en action diffère essentiellement de la théorie spéculative.

Quand on a lu un journal de légitimité, on sait un peu moins bien qu'auparavant ce qu'est le droit divin, attendu que le ciel protége tous les pouvoirs qui durent.

Quand on a lu un journal de tendance, on sait un peu moins bien qu'auparavant quelles couleurs il faut adopter, attendu que tous les pouvoirs nouveaux ont vécu de transactions.

Quand on a lu un journal de fusion, on sait un peu moins bien qu'auparavant de quel côté il faut recevoir le mot d'ordre, attendu qu'aucun prétendant ne consent à mettre son drapeau dans sa poche.

Quand on a lu un journal philosophique, on sait un peu moins bien qu'auparavant quelle est la meilleure religion, attendu que toutes les consciences sont libres.

Quand on a lu un journal d'opposition, on sait un peu moins bien qu'auparavant quel parti est le plus national, attendu que toutes les convictions sont honorables.

Quand on a lu un journal financier, on sait un peu moins bien qu'auparavant quelles sont les meilleures valeurs, en ce qu'il ne garantit jamais la cote du lendemain.

Quand on a lu un journal de chancellerie, on sait un peu moins bien qu'auparavant quelle est la politique étrangère, attendu que les correspondants en disent toujours plus qu'ils n'en savent.

Quand on a lu un journal officiel, on connaît un peu moins bien qu'auparavant les affaires de son pays, attendu que les gouvernements ne disent jamais tout ce qu'ils savent.

Après les avoir tous lus et avoir reconnu soit leur inutilité, soit leur danger, on se demande pourquoi il n'existe pas un journal qui enregistrerait tous les événements sans autre explication que celui du fait en lui-même ; qui coordonnerait la statistique des découvertes industrielles, sans patronner les mauvaises entreprises ; qui donnerait de la publicité à tous les livres qui paraissent, sans faire lui-même de la littérature ; qui analyserait les théories de la science, sans créer des systèmes philosophiques.

Tout écrit susceptible de déplaire au pouvoir du journalisme est par cela même à l'index de l'écritoire : tous les organes de la publicité lui sont interdits jusqu'au jour où son auteur pourra passer par la porte d'or, ou se faire craindre en agitant le grelot de la concurrence.

Il en est autrement si vous appartenez à une cause que salarie le journalisme, ou si vous faites partie du sacré collége de la camaraderie. Votre livre sera annoncé et prôné huit jours avant d'être déposé chez le libraire, quand bien même il ne serait d'aucune valeur, ni d'aucune utilité ; votre pièce de théâtre aura cent représentations assurées, ne fût-elle basée que sur des banalités ; votre candidature aura les sympathies de tous les gens influents renforcés des sommités de la science ou de la finance, soit que vous aspiriez à être professeur ou académicien, soit que vous ambitionniez l'honneur de monter au parquet des agents de change, aujourd'hui le quatrième pouvoir, où vous appellent de droit vos rares qualités, si vous êtes riche, et où votre savoir-faire, si vous ne l'êtes pas, ne tardera pas à faire de vous une nouvelle constellation consultée d'heure en heure par la foule des archimillionnaires du palais Tourniquet.

Quand le moment inévitable de se servir du dégorgeoir sera arrivé, grâce à l'indulgente coopération du journalisme, coupable d'avoir trop souvent et trop facilement laissé les commanditaires en exercice et en expectative monter le grand et le petit escalier de ses bureaux, avec des sacs d'argent sous le bras, des actions libérées dans les poches, des brevets de pension à la main, des rubans en portefeuille et d'amples adulations à la bouche ; alors le rôle du journalisme sera de tromper une fois de plus le commun des actionnaires, en attribuant la dépréciation continue de la cote générale, soit à l'abus des transactions, soit au deplacement des titres, soit à l'absence des capitalistes, ou à tout autre motif aussi futile, pourvu qu'il soit de nature à écarter tout rapprochement entre l'excès des valeurs mobilières sur la place, et la masse des assignats en 1793. Ce seul chapitre de l'histoire contemporaine suffira pour fixer nos arrière-neveux sur l'incorruptibilité du caractère des journalistes et la valeur de leurs paroles et de leurs affirmations.

Honneur sous ce rapport aux États assez sages pour ne pas recourir à cette complicité et à cette protection subventionnée des journaux ! gloire aux gouvernements qui interdisent chez eux l'exercice de cette gymnastique à bascule ! honte aux journalistes qui pour ce grief irrémissible mettent la menace à la place du raisonnement, et substituent l'injure à la discussion !

Cette gigantesque manufacture de publicité, atteinte et convaincue jusqu'à l'évidence de fonctionner avant tout pour réaliser de gros

bénéfices, au lieu d'avouer et de reconnaître que ses comptes-ren-
dus littéraires, ses résumés philosophiques, ses plans politiques sont
des entreprises tarifées, s'arroge impudemment, au mépris de ses
apostasies et de ses scandales, le droit de se placer à la tête de la
civilisation, faisant au genre humain la fallacieuse promesse de le
conduire en triomphe à la prospérité et à l'unité, dans le char de la
presse, le seul qui ne soit point encore resté embourbé sur le large
chemin de la régénération.

> O sagesse du ciel ! je te crois très-profonde,
> Mais à quels plats tyrans as-tu livré le monde ?

Le journalisme n'est pas, comme beaucoup le supposent, l'enfant
chéri de l'imprimerie ; elle avait déjà depuis longtemps fait ses
preuves, qu'il n'était pas encore un embryon : à la fin du XVIe siècle,
les exemplaires de la *Gazette*, l'aïeule du journalisme, étaient encore
écrits à la main et distribués aux seuls fidèles de la phalange sacrée ;
avant 1789, le *Mercure galant* n'était encore qu'une revue euro-
péenne à l'usage du grand monde : le journalisme a sa filiation dans
le scepticisme, et sa marraine est la cupidité.

Un moment on l'a cru institué pour féconder le germe des intérêts populaires à la droite du christianisme : devenu enfant d'orgueil,
il s'est créé un monde à lui en se disant le guide de l'avenir ; l'oracle
ne cessera jamais d'annoncer des pronostics, motif pour lequel il a
toujours mal parlé et parlera toujours mal ; mais déjà il est jugé, si
l'on considère qu'il n'a su faire prospérer que les affaires de ses
écrivains au détriment de celles du peuple.

A l'aurore de son influence, le journalisme a contribué à déraci-
ner quelques abus dont l'économie politique s'est trouvée soulagée ;
mais depuis longtemps non-seulement il a cessé d'être l'auxiliaire
de la moralité, de la frugalité, de la résignation et de la concorde,
il est devenu l'obstacle le plus insurmontable au retour des grandes
vérités religieuses qui avaient réussi à consoler l'humanité.

Depuis bientôt un grand siècle, il travaille sans relâche à asseoir
la société sur une base solide ; dites si l'épreuve est à son avantage,
et si au contraire, il est une seule vérité de l'ordre social qu'il ait
soulevée de terre en la ressuscitant pour la lancer en l'air comme
panacée populaire, sans qu'elle soit pesamment retombée sur les
masses, en aggravant leur position, et, ce qui est le pire, en leur
dérobant la véritable voie du salut ?

S'il est évident, d'après un examen attentif de l'état social actuel,
que le journalisme ne sert ni le cœur ni l'esprit ; qu'il n'enseigne
ni la probité ni la charité ; qu'au contraire il initie aux succès les
plus scandaleux ; qu'il recommande les pièces de théâtre les moins

morales; qu'il familiarise avec les extravagances de toute espèce; qu'il entretient l'esprit de parti, par là même, il est évident qu'il empêche les nobles sentiments de germer dans les cœurs, et par une conséquence logique, il conduit à l'égoïsme par la voie de l'indifférence; mis à la portée de toutes les classes, il est devenu l'oracle consultatif de quiconque n'a plus ni croyance religieuse, ni foi politique.

Qu'il célèbre autant qu'il le voudra la paix, l'union et la fraternité; si ses patrons me vendent leur patriotisme, leur protection et leur charité, leurs paroles et leurs doctrines m'auront enseigné le culte de l'intérêt, avant que la réaction des réflexions historiques et le dégoût du présent m'aient inculqué l'esprit de sagesse qui sauve les nations : le premier mouvement de mon intelligence est de se révolter contre un apostolat mercantile qu'elle considère comme un contre-sens antisocial.

Pour devenir l'instrument d'un principe moral, politique ou social, d'assez bonne fabrique pour servir au salut des nationalités, il aurait eu besoin d'une succession d'hommes éprouvés qui, dans toutes les hypothèses et sous toutes les pressions, auraient brillé par la fidélité et la fermeté du caractère : l'abaissement des caractères, à mesure que l'humanité avait un besoin plus urgent de grandes âmes et de nobles dévouements, a été l'un des signes les plus sensibles dont il a plu à la Providence de se servir pour faire apprécier le côté dangereux de l'époque actuelle.

Au lieu de rester le soldat fidèle de la gloire et du patriotisme, le journalisme s'est appliqué à trouver le moyen de bien vivre avec toutes les immoralités; il a excellé dans l'art d'avoir en toutes circonstances des paroles au service de toutes les influences délétères; il a trouvé bon de s'engraisser des impuretés de tous les régimes : son excuse à la hauteur de toutes les palinodies de notre époque a été celle-ci : Jugez-moi sur mes paroles, non sur mes actes. Ce qu'il y a de plus étrange, c'est qu'il ne jouit pas de l'entière liberté de langage, et qu'il jouit de l'entière liberté d'action : mais ses paroles sont formulées pour le grand jour de la publicité, au lieu que ses actes sont accomplis pour rester dans l'ombre, derrière le rideau des lâchetés, des turpitudes et des apostasies.

Quels sont ceux qui ont fait avec le plus de scandale métier et marchandise des professions de foi, sinon les journalistes, leurs protecteurs et leurs protégés, constituant tous ensemble la dynastie des héritiers de tous les pouvoirs? Après cela, et avec un semblable but en expectative, qu'est-il besoin de montrer les journalistes se contredisant par différence de position; se dénigrant par divergence de langage; se détestant par intérêt; s'attaquant par besoin de renommée; se provoquant par rivalité de métier; se demandant des réquisitoires de complaisance par nécessité de justification; se renvoyant la réplique par pénurie de matériaux; s'injuriant par opposition d'appréciations; se reprochant d'identiques variations; accusant les confrères en faveur de méconnaître la justice des arguments qu'eux-mêmes invoquaient pour leur défense quand ils étaient dans l'opposition? L'accord n'existe que sur un point et ne dure qu'un moment, aux époques périodiques où il est bon d'interroger le baromètre des influences naissantes et d'observer l'horizon des puissances sur leur déclin; les bonnes et les mauvaises fortunes sont de l'essence du journalisme planant au sommet de l'édifice social, comme la girouette au-dessus du palais de la cité, ce qui suffit pour affirmer qu'aucun journal jugé par lui-même ne sortirait du prétoire avec un certificat de virginité.

En présence d'un semblable abaissement mille et mille fois constaté, que devient l'étrange prétention qu'osent encore afficher les journalistes d'être l'élite de la nation au point de vue de l'honneur et du patriotisme, et de bien mériter de la patrie sous le prétexte qu'ils consacrent leurs veilles et leurs sueurs au bien-être du peuple, en travaillant à servir l'homme et le citoyen? Le point de départ du journalisme n'est-il pas que la conscience n'est liée par aucun devoir, et que la vie privée est murée, afin que l'impunité soit garantie? Les regards toujours tournés vers l'avenir, sans quoi il n'aurait plus sa raison d'être, le journalisme, par une contradiction inhérente à son manque de généalogie et à son défaut d'hiérarchie, enseigne à l'opprimé, sous prétexte de ne pas l'obliger à l'hypocrisie, à mépriser ce qui sera demain dans ce qui existe aujourd'hui.

Avec une semblable doctrine, sans laquelle il ne pourrait pas vivre, l'idée qu'il a fait passer dans les masses n'a-t-elle pas été celle de réhabiliter la chair et la matière au profit du sensualisme et de l'égoïsme? il a touché à toutes les questions de morale et de politique, mais pour les amoindrir, par la raison que jamais il ne lui convient de clore la discussion sans l'arrière-pensée de la relever au premier incident.

Plus de semblables discussions sont délayées avec talent et persévérance, plus il devient douteux quelle est au fond la cause ou l'idée que les divers journalistes, se disputant entre eux les dépouilles de la vérité et du pouvoir, désirent faire triompher : il devient dès lors parfaitement inutile de suivre de semblables législateurs dans la vie privée pour savoir si les deux camps ont déjeuné ensemble et dans un tendre tête-à-tête, ou s'ils souperont en partie carrée avec des collaborateurs qui ne connaissent d'ennemis que la goutte et la gravelle. Ces publicistes, si excellents viveurs, ne se sont jamais fait scrupule de faire paraître le matin un article dans le journal de la légitimité, et le soir la contre-partie dans le journal de la démocratie ; c'est ce qui s'appelle, au quartier général de la coulisse, passer de la ligne dans la garde ; ils ont laissé bien loin derrière eux les avocats qui avaient perfectionné la maxime que tout est permis pour le gain de la cause.

Où il a conservé la suprématie à l'aide d'un public insouciant, c'est au théâtre, dont il est le régulateur et le pourvoyeur ; mais en considérant toutes les conceptions extravagantes qui ont vécu splendidement du suffrage des journalistes, force est d'assimiler leur domination à celle de ces hommes qui n'ont eu aucun obstacle contre leurs erreurs et leurs volontés, avec cette différence toutefois que jamais aucune société n'est sortie d'une crise politique avec le secours du journalisme.

Le public honnête, qui se scandalise des allures outrecuidantes de tant de millionnaires si rapidement parvenus au faîte de la fortune, attendra longtemps encore la création d'un journal assez peu soucieux de plaire ou de déplaire à ses abonnés, pour stigmatiser autrement qu'à la manière de Figaro, soit les profusions du luxe, soit les bénéfices des fainéants de la Bourse, soit les gros traitements des administrateurs des chemins de fer dont vingt-quatre heures d'occupations officielles, pendant tout le cours de l'année, sont plus largement rétribuées que la vie entière d'un laborieux apôtre de la charité dans nos campagnes.

J'applaudis sans réserve à l'extension des chemins de fer quand je vois un fils heureux de payer au poids de l'or l'avantage de gagner trois heures sur quatre pour aller recevoir la bénédiction d'un père mourant ; mais quand les résultats les plus scandaleux viennent démontrer cent mille fois contre une que la même économie sert à alimenter le jeu de la Bourse, que le bénéfice du temps et l'emploi des millions s'escompte au profit de l'orgie transportant d'une extrémité du royaume à l'autre son luxe, sa fatigue et ses scandales, je m'abstiens de voir le succès de la civilisation dans la rapidité des voies de communication. Je refuse, au contraire, formellement d'unir ma voix à celle des journaux qui célèbrent, à l'avantage des transactions commerciales, l'utilité de la télégraphie électrique privée, devenue l'auxiliaire du mensonge et de la duplicité, quand il s'agit de nuire à un rival.

Ces journalistes, si respectueux à l'endroit des gros commanditaires depuis que les journalistes eux-mêmes figurent en serre-file dans la phalange des spéculateurs, sont les mêmes qui en ont plus dit contre le général Cavaignac pour avoir osé attenter pendant quatorze jours à la liberté d'Émile de Girardin, que contre ceux qui, à d'autres époques, avaient porté une main sacrilége sur les sécurités personnelles. Ils trouvent juste de louer le gouvernement d'assurer 4 pour 100 d'intérêt aux ouvriers et aux domestiques qui placent le superflu de leurs gages à la caisse d'épargne, et ils ne trouvent pas prudent de le blâmer de faire payer 150 pour 100 par an, si le prêt est d'une semaine, aux indigents qui vont les larmes aux yeux, en grelottant de froid, frapper, leur dernière chemise sous le bras, à la porte du mont-de-piété.

S'il est débonnaire à ce point à l'égard des abus qui pèsent principalement sur le peuple, quel pensez-vous que sera le journalisme à l'égard des gouvernements qui affectent de ne pas redouter ses atteintes? Lorsque l'échelle du possible était à sa disposition, n'a-t-il pas laissé passer par Paris une sœur de Lithuanie portant les stigmates du czar, sans oser prononcer l'anathème contre l'oppresseur de dix-huit millions de catholiques?

En 1848, époque à laquelle il a joui d'une liberté illimitée, il a laissé suspecter ses convictions, et nulle part il ne s'est élevé à la hauteur d'une influence utile, non-seulement en France, qui est la terre classique des commotions politiques, mais pas davantage à l'étranger, où il n'avait pas contre lui les préventions du passé.

Aucun pays n'était aussi bien préparé que l'Allemagne pour profiter du bienfait d'une régénération universelle. L'assemblée nationale de Francfort fut toute-puissante; le journalisme voyait à ses pieds tous les pouvoirs, il lui suffisait de vouloir sincèrement la fusion pour l'obtenir. Le système économique de l'Allemagne pouvait être allégé des dépenses et des entraves de 39 gouvernements, 39 gardes princières, 39 douanes, 39 législations, 39 polices, 39 systèmes monétaires. C'eût été le triomphe du journalisme, mais ce n'était pas son profit; il tint à prouver que l'esprit de caste était sa devise et le conflit son mot d'ordre : aussi est-il resté démontré qu'il aime les abus, par la raison que nul ne possède aussi bien que lui le talent d'en profiter.

Le principal souci des journalistes en Allemagne, des publicistes à leur suite, des scribes et des orateurs de la même école, fut de germaniser tout ce qui était à leur portée et sous leur coupe.

De tous côtés ce fut une rage effroyable de germaniser les Scandinaves, de germaniser les Slaves, voire même les Italiens. L'Europe eût été sauvée à tout jamais, si elle eût voulu se laisser germaniser par les journalistes. Quoi d'étonnant que le coup de pied de l'âne ait fait rentrer dans l'obscurité tous ces Protées de la tribune et de la presse, jetés dans le même moule et condamnés à la même malédiction ?

A cette époque, rien n'était aussi facile que de faire disparaître de la carte géographique ce qui constitue en relief ce qu'on est convenu d'appeler l'empire d'Autriche, ombre de puissance qui a su conquérir à son profit tout à la fois la grandeur de Louis XIV et le génie de Napoléon.

En effet, quel système politique plus facile à battre en brèche que celui qui a pour ressort unique d'entretenir la méfiance entre les autres États et la rivalité entre ses propres provinces ? Cependant cette agglomération monstrueuse et bâtarde a survécu à l'accord éphémère des journalistes qui, pour le discrédit de leur influence et de leur moralité, ont eu un moment unique dans l'histoire où ils pouvaient réaliser tout ce qu'ils auraient voulu entreprendre. Défenseurs par mission avouée du système élastique de la pondération des empires, inventé pour couvrir les petites nationalités, les journalistes ont mieux aimé, sous la pression d'influences occultes, laisser à l'Autriche juste assez d'ascendant pour paralyser tout ce qui depuis aurait pu être tenté pour l'affranchissement et l'union des peuples, soit en Orient, soit en Occident.

Quand il s'est agi d'incorporer Cracovie à l'empire, les journalistes ont fini par conclure que la Pologne était trop éloignée de la France, et lorsqu'il s'est présenté dans ces derniers temps une occasion favorable de protéger la principauté de Neufchâtel, située aux portes de la France, les mêmes journalistes, toujours dans l'intérêt de l'équilibre européen qui réglemente l'intervention armée, mais qui n'oppose aucune barrière à l'intervention des journaux, ont été unanimes pour déclarer que la Prusse avait des droits écrits qui obligeaient la Suisse à faire du moins en apparence acte de soumission.

Demandez aux journalistes des plans destructeurs, des projets de démolition, mais ne leur demandez jamais des pacifications morales, ni des jugements en équité. Le repos est moins funeste à l'oiseau que la conclusion des débats aux journalistes; il leur faut l'incertitude de l'avenir pour se quereller, comme aux oiseaux l'immensité de l'air pour voler; il leur convient singulièrement d'avoir toujours en perspective un but avoué qu'ils ne veulent jamais atteindre; ils ont l'air de le poursuivre avec un magnifique déployement de semblants d'efforts, de courage et de persévérance, entraînant résolûment les masses à leur suite; mais le lendemain de la victoire ils n'ont plus entre les mains que les oripeaux des vaincus; ils sont impuissants soit à satisfaire, soit à contenir les vainqueurs. Dans son établissement, dans ses coryphées, dans ses victoires, le journalisme a toujours été une arme, il ne peut pas remplir l'office d'un bouclier, il ne sera même jamais un drapeau d'ordre public, parce qu'il aura toujours plusieurs branches et point de tronc. Cette puissance de parole avec cette impuissance d'action fait de tout journaliste, arrivé au fauteuil de la rédaction, un homme d'importance, mais il a beau débiter de grandes choses, il n'en a jamais fait que de petites et dans l'esprit le plus détestable.

Avec le système politique actuel de l'Europe, où l'équilibre entre cinq puissances constitue le pivot unique sur lequel repose la paix du monde, il est pitoyable d'avoir à constater les périphrases monotones qui se succèdent dans les feuilles quotidiennes. On y voit des journalistes essoufflés se renvoyant la réplique de chancellerie à chancellerie, faisant semblant d'examiner pourquoi l'Angleterre est un peu moins bien avec la France, et la France un peu mieux avec la Russie, se fatiguant à la recherche de l'incident qui peut faire sortir telle ou telle puissance du concert européen, se livrant à d'interminables discussions pour faire décider par anticipation avec quelle cour la puissance dissidente pourra s'entendre, et avec quel gouvernement il lui sera impossible de former des alliances ; le tout comme s'il y avait une opinion qui fût digne d'être la reine du monde, ayant le journalisme pour grand prêtre : mais il n'y a plus d'opinion capable de faire homologuer les décrets des amphictyons, depuis que la bonne nouvelle apportée aux hommes de bonne volonté a déjà été tant de fois enterrée sous les pavés sanglants de la place publique.

Deux fois dans moins d'un quart de siècle le pouvoir politique a été conquis au profit des folliculaires, et deux fois dans un si court espace de temps les journalistes, maîtres de la position, ont autorisé leurs partisans les plus dévoués à penser, ou bien qu'ils n'avaient ni doctrines ni convictions, ou bien qu'ils aimaient mieux les abus de l'État préexistant, que de courir les risques d'échouer plus rapidement encore en cherchant sérieusement à faire l'application d'un principe réformateur. Cette abstention, venant après tant d'autres, nous autorise à consigner ici que le même enseignement donné coup sur coup par deux royautés, deux républiques, deux empires, deux essais de gardes nationales, deux étapes du journalisme, est un éclatant avertissement que tous les réformateurs politiques de la terre sont aux abois.

Vous qui voyez de vos propres yeux que le journalisme, par la discussion de toutes les formes de gouvernements qui n'ont plus que le succès pour justification, a préparé les nations à l'insouciance du régime en exercice, comment ne reconnaissez-vous pas qu'avec la défense de toutes les religions qui n'ont plus que la liberté de conscience pour fondement, il prépare les populations au règne de l'incrédulité ?

En résumé, le plus dangereux de tous les pouvoirs et aujourd'hui plus vivace que toute vérité, parce qu'il suffit à ses dépenses, c'est le journalisme. Plus il y a eu de journaux, plus les hommes de la basse classe ont été éloignés de l'église et du temple où peut s'apprendre la vérité, pour aller, un journal à la main, apprendre à raisonner dans le vide, tour à tour à l'atelier et au cabaret.

La réserve qu'il est juste de faire en faveur des journaux religieux ne nous empêche pas de faire remarquer qu'au fond leur programme se rapproche trop de celui des autres pour ne pas laisser croire qu'ils obéissent au même mot d'ordre. Une telle consigne remplace mal un corps de doctrine, et en écrivant moitié pour l'Église, en prêchant moitié pour eux, les feuilletonistes religioso-politiques travaillent sans s'en douter à faire placer la statue du Christ dans le Panthéon du journalisme.

Que ce temple soit un palais de cristal, ou un vaste comptoir, supposez que tous les journalistes y sont réunis pour créer entre eux des catégories, et faire décider quels sont ceux qui rendent les plus grands services à la société, pourraient-ils se prendre au sérieux, et ne pas rire en face les uns des autres ? Non, assurément, nous les entendrions se dire :

Jadis, nous, les anciens, nous avons mis en avant les idées de liberté jusqu'au jour où elles ont eu fait leur temps ; vous, nos cadets, vous faites luire aux yeux des masses le flambeau de l'égalité. N'est-ce pas le même air joué sur deux tons différents ?

Nous, restaurateurs des saines traditions, nous avions placé notre point d'appui dans la solidarité des nations ; vous, contemporains des grandes inventions, vous cherchez la sauvegarde de la société dans l'association des richesses. C'est toujours le même appel à la vérité qui nous échappe ?

Nous, autrefois, nous lancions nos foudres contre l'intolérance qui faisait faire fausse route au christianisme ; vous, présentement, vous dirigez vos coups même contre la piété sincère qui a le tort à vos yeux de nous ramener aux temps de l'ignorance. N'est-ce pas toujours le même monstre qu'il s'agit d'abattre ?

Nos protecteurs à nous, fondateurs de la société *Aide-toi, le ciel t'aidera*, étaient dans l'université ; les vôtres, à vous, porte-plumes de l'Église, sont dans l'épiscopat. N'est-ce pas toujours le même état-major dans lequel il est avantageux de prendre rang?

Jadis, avec les coupures de dix d'entre nous, on composait le journal qui paraissait à midi; aujourd'hui, le journal qui paraît à la première heure du jour fournit des redites à dix de nous. C'est toujours le même donjon défendu par quatre hommes et un caporal, ou bien un caporal et quatre hommes.

Il fut un temps où les députés sortis de la presse disaient en pleine tribune : *Enrichissez-vous*. Les millionnaires sortis de vos rangs disent présentement en plein banquet : *Associons-nous*. N'est-ce pas toujours la même tendance vers la substitution de l'or à la pensée ?

Les ministres sortaient de nos rangs, les évêques sortent des vôtres. N'est-ce pas toujours le même but auquel nous tendons les uns et les autres?

Le lieu, le motif, la fraternité et un peu d'ironie autorisant l'apostrophe, ne pourraient-ils pas finir par se dire :

Toi, *l'Univers*, tu as trafiqué de ton infaillibilité, pour obtenir un blanc-seing de la police correctionnelle.

Toi, *l'Ami de la religion*, tu n'es l'ennemi que de ceux qui te disent tes vérités; pour le reste, tu laisses aux autres leurs opinions à la condition de garder pour toi la tienne.

Toi, *l'Union*, tu nous tends la main à tous, en ayant soin d'obéir aux instructions de ceux qui t'ordonnent de te séparer du reste des électeurs.

Toi, *la Patrie*, tu fais les affaires du peuple, sur le modèle de l'intendant qui trompe son maître.

Toi, *le Pays*, tu parles à la France à la manière du czar donnant des dragées à la Pologne.

Toi, *le Constitutionnel*, tu t'es métamorphosé en un lingot d'or.

Toi, *la Presse*, tu as exploité le droit au travail en vue d'avoir de quoi acheter le privilège de vivre du travail des autres.

Vous, les démocrates du *Siècle*, vous établissez que le peuple a besoin de réformateurs, et vous le faites boire à la coupe du paganisme.

Vous, Messieurs les conservateurs, vous mettez vos personnes en avant, et vos principes en arrière.

Vous, les sépulcres blanchis de *l'Assemblée nationale*, vous continuez de mettre à l'ordre du jour les théories russes qui ont fait le tour du monde sans trouver où prendre racine.

Vous, les échos du Théâtre, vous brûlez l'encens aux pieds des actrices auxquelles le talent fait défaut, mais assez sages pour délier les cordons de la bourse, et assez généreuses pour payer des talents occultes ; par contre, vous poursuivez de vos sarcasmes les meilleures cantatrices qui ont assez d'honneur pour discuter le tarif de vos éloges.

Vous, les chroniqueurs de toutes les nuances et de tous les étages, vous relevez des statues auxquelles le monde a déjà tourné le dos.

Toi, *l'Estafette*, tu t'es fait le courrier de cabinet des monopoleurs.

Toi, *le Droit*, tu hausses et baisses la balance de ta rédaction suivant les besoins de tes abonnés.

Toi, *la Gazette* inconsolable, tu te morfonds à réciter les prières des agonisants au chevet du lit d'une idée enterrée depuis longues années.

Toi, *la Voix de la vérité*, il manque à ta gloire de t'appeler l'Europe industrielle ; tu nous apprendrais comment vivre sur la terre au lieu de nous apprendre comment on vivra dans le ciel.

Toi, *la Revue des deux mondes*, tu compromets ton blason à vouloir échanger des idées entre deux mondes qui ne veulent plus échanger que des produits.

Toi, *l'Indépendance belge*, nous te voterions des remercîments sympathiques si tu ne nous empruntais que notre langue ; mais tu t'enrichis du mal qui nous est interdit, tu n'es plus qu'un contrebandier.

Toi, *le Journal pour rire*, tu es le plus petit de nous en théorie, mais tu es le plus grand en réalité, car tu es la dernière consolation qui nous reste à offrir à ceux que nos discordes font pleurer.

Toi, *le Messager de la charité*, tu fais tes bonnes œuvres au nom et au profit de la puissance humaine.

Toi, *les Villes et Campagnes*, tu te fais catéchumène en province et tu es renégat à Paris.

Vous tous, les myrmidons de la province, vous n'êtes incorruptibles, en dehors des annonces judiciaires, que faute d'acheteurs de la petite publicité ; à l'instant même, si le plagiat des grands journaux vous était interdit, vous seriez tous atteints de la maladie des pâles couleurs.

Toi, *le Charivari*, tu nous dépeins comme tu nous comprends en tapissant de tes portraits la galerie des célébrités qui n'ont illustré que ton pinceau.

Toi, *le Figaro*, tu serais le plus spirituel de nous tous, si la satire, la médisance et la calomnie étaient les enfants légitimes de l'indépendance.

Toi, *la Vérité*, tu portes le bonnet carré au banc d'œuvre, et tu nous débites sous le portique les litanies du comptoir d'escompte; tu t'habilles en bedeau et ton grand prêtre est un chef de banque.

Vous, les docteurs brevetés de *l'Union médicale*, vous seriez les bienfaiteurs de l'humanité si vous aviez l'amour de la science au même degré que l'amour de l'argent.

Toi, *la France élégante*, tu trafiques indistinctement sur les chaussures et les parfums, sur les diamants et la crinoline; tu as fait de nos grisettes sur le bitume ce qu'étaient jadis nos grandes dames dans leur boudoir.

Dansez la danse échevelée de Cythère, de Plutus et des satyres moqueurs autour de l'autel du journalisme; moi, dit *le Moniteur*, je veille au salut de la société dont vous êtes les baladins; je vous remplace tous, car je paie pour être lu; je récompense pour être prôné; je châtie qui me contrarie; je suffis seul à justifier le présent en faisant ressortir les torts du passé et en laissant entrevoir les craintes de l'avenir; on vous fait tous vous taire ou parler pour de l'argent, et moi je reste incorruptible.

Le journalisme a du sang sur son écusson, un stylet sous son armure, et du poison au bout de sa plume; mais cet appareil me touche moins que les cris plaintifs, les larmes, les murmures, les imprécations de la foule au moment où les journalistes sortent de leur temple, parce que ce dernier tableau est l'image de ce qui a lieu tous les jours au sortir de leur officine.

A combien de familles, en effet, le journalisme n'a-t-il pas fait porter le deuil, sans parler de tous ces fonctionnaires qui ignoreront éternellement que leur mise à la retraite, ou l'obstacle à leur avancement, provient d'une chronique judiciaire perfidement insérée à leur dossier! Pour perdre un plaideur, le journaliste du palais n'a pas besoin d'attendre le jour de l'audience ni le jugement du tribunal; il trouve l'aliment à sa spéculation dans les actes préparatoires : tantôt des mains de l'huissier, tantôt des mains de l'avoué, souvent même des mains de l'avocat; après communication du dossier de partie à partie, il reçoit copie d'une articulation de faits rédigée non point pour qu'il en soit fait preuve, mais bien plus en vue de la publicité du journalisme que de la publicité des débats : il l'insère prématurément dans ses colonnes, il le peut impunément, car il s'agit d'une pièce de procédure authentique signifiée d'avoué à avoué : viennent plus tard les rectifications que personne ne connaîtra; le tour est joué.

Avec cette prérogative qui s'obtient par l'exactitude de l'abonnement, et à laquelle il faut ajouter au même prix la perspective d'une notice élogieuse pour tout nouveau-venu dans le sanctuaire de la justice, quel est l'huissier, l'avoué, l'avocat, même le substitut, ou tout autre représentant de la justice, qui ne s'empressera pas de faire inscrire son nom en tête de la feuille d'abonnement des journaux judiciaires? Aussi, la camaraderie n'a-t-elle été nulle part exploitée aussi impudemment, et autant en grand, que parmi les nourrissons de Thémis : le journalisme a enlevé à l'administration de la justice tout ce qu'il pouvait lui ravir en dehors de l'inamovibilité ; mais qui oserait soutenir que la justice en elle-même a gagné en respect et en influence à cette intronisation des journalistes du palais et de leurs assesseurs sur les premiers siéges de la magistrature en 1848 ?

Voilà les œuvres de ce terrible enfant du libre examen dont la réprobation est la mère ; il se vante d'avoir mieux qu'aucun de ses devanciers déblayé les abords du temple de la pensée : mais à peine le dernier mot de son apologie était-il prononcé, que déjà le culte de l'idée était abandonné pour faire place à celui du libre échange, qui a mieux su que la pensée grandir par l'électricité et la vapeur ; celui-ci aspire au monopole cosmopolite, et c'est à lui, en effet, qu'appartiendra le dernier des siècles. Le journalisme distancé par l'idée, battu en brèche par le libre échange, méritera cette dernière déchéance, non-seulement pour n'avoir su fournir aucune idée pratique, mais encore pour s'être opposé à toute bonne mesure dont l'initiative ne lui appartenait point ou ne lui profitait pas.

Mieux renseignés et plus clairvoyants que les simples spectateurs de la parade politique qui prennent au sérieux le bon accueil que se font entre eux les souverains, les journalistes excellent à escompter à leur profit la prime d'une catastrophe avant son échéance ; et quand le moment du danger est venu, tout en paraissant agir dans un intérêt général, ils se réjouissent en secret de la tournure d'un événement qui nuit à la cause de leurs adversaires.

Le seul moyen d'avoir raison contre un journaliste mal engagé est de l'acheter : en vain vous présenterez des témoignages vivants à l'appui de votre affirmation ; comme le dernier mot de la réplique lui reste pour être répété par les autres échos de la presse, il y déclarera qu'il est plus que jamais fondé à soutenir que vous avez pris les apparences pour la réalité, et l'histoire constatera, le journal à la main, que Verger est mort dans l'impénitence finale avec le mépris de votre ridicule absolution de prêtre.

Le besoin qu'ils ont tous d'avoir toujours une question de nationalité à brocanter fait qu'ils profitent, comme d'une bonne fortune, d'un mot saillant dans un discours d'ouverture à la Diète, au parlement, dans une conférence diplomatique, dans une réponse à un ambassadeur, dans une réception officielle, ou dans toute autre circonstance d'apparat, pour lui faire signifier la politique qu'il ne comporte pas; le tout pour paraître exercer dans les conseils des gouvernements une influence qu'ils savent mieux que personne ne pas avoir.

Avec cette existence de parasite, si le journalisme ne peut plus prétendre ni à moraliser ni à nationaliser les masses, que du moins par pudeur il renonce à faire de la littérature dans le feuilleton et de la dignité dans la polémique ; qu'il se contente pour ses menus plaisirs d'aider aux archimillionnaires de l'époque à tenir dans la région étoilée le sceptre de la mode, des beaux-arts et de la finance.

Nul ne peut avec convenance porter tout à la fois la chape dans le temple des chrétiens et la livrée de l'irresponsabilité de la raison à la tribune populaire : les journalistes par la même raison sont mal venus à faire des professions de foi publiques , s'il n'est aucune heure de la journée pour le public où ils sortent de leur vie privée, alors que plane sur eux le juste soupçon que dans leur vie de châteaux ils font des concessions à tous les abus du siècle : ici notre voix a déjà eu de nombreux échos, mais notre dessein n'est point de montrer que tout ce que le christianisme a gagné à la publication de la *Vie des saints,* le journalisme l'a perdu par la biographie de ses hommes politiques.

A force de vouloir être tout à la fois des hommes spéciaux , des hommes modèles, des hommes universels, les journalistes, comme tous les novateurs qui se sont faits les héros de leurs œuvres, n'ont réussi qu'à être des demi-savants qui commercent en librairie, des demi-théologiens qui écoutent aux portes du conclave , des demi-politiques qui intriguent dans les antichambres de la diplomatie.

Méconnaissant qu'au début du christianisme le monde a appartenu à la méditation des grandes vérités, compagne des grandes privations, et qu'il doit à son déclin appartenir aux futilités des choses de la vie et à l'insouciance de la vie elle-même; si les gouvernements catholiques commettaient la faute d'appeler à leur aide autant de journaux religieux que les gouvernements constitutionnels ont commandité de journaux politiques, la velléité n'en est pas impossible, et la tentative n'en est ni à son premier essai ni à son premier privilége; le résultat de ce gigantesque antagonisme ne serait-il pas d'une part la désunion du clergé, de l'autre le discrédit de tous les dogmes, et un pas en avant dans cette liberté des cultes qui n'est qu'une promesse d'amnistie pour toutes les apostasies?

Tenez pour certain que tout journaliste, par cela seul qu'il est journaliste et qu'il en a les qualités et les défauts, s'il est orthodoxe au recto, sera infailliblement philosophique au verso : secrètement dévoué à la lutte qui est son essence, il fera régner partout le conflit qui est la vie du journalisme, mais qui n'est que l'épreuve du catholicisme, et qui est loin d'être l'état normal du christianisme. Tel est le danger du journalisme, que même quand il semble sommeiller, il remplit l'office de la pierre à rémouler; c'est-à-dire , qu'il aiguise les armes pour le jour du combat, devenu d'étape en étape d'autant plus prochain, que la discussion sur le véritable bien-être des peuples commence de plus en plus à tourner au hors-d'œuvre.

Malgré tant et tant de chefs d'accusation, le journalisme n'en est pas moins resté une puissance colossale avec laquelle il importe aux gouvernements les plus forts de régler le compte de chaque jour, sous peine de la voir en un instant de surprise devenir pouvoir prépondérant. L'influence qui ne lui sera jamais ôtée tient à la facilité dont il est doué de jouer, sans que personne songe à l'en blâmer, le rôle d'un Protée politique; elle tient surtout à l'entraînement qui accompagne la nomenclature des faits divers dont les collecteurs de l'écritoire thésaurisent à son profit le monopole sur toute la surface du globe. En s'emparant de toutes les directions pour mieux faire croire que tout s'apprend dans un journal, il a fini par faire, à son bénéfice, de la curiosité une science, et de l'oisiveté une occupation.

Le pour et le contre examinés consciencieusement, si le journalisme conserve le droit de se glorifier de n'être ni une secte, ni une affiliation, ni une coterie, ni un symbole , qu'est-il donc? Je vois qu'il a fait ses preuves; je reconnais qu'il n'a pas cessé de croître et de multiplier; je le trouve partout; j'entends dire qu'il est toujours le géant aux cent bras, capable de démolir une cité en un instant : il devient urgent que les millions de lecteurs qui parlent en se levant, et qui pensent en se couchant, sous l'autorité d'un journaliste, apprennent une bonne fois au nom de qui le journal de leur choix tient aréopage dans sa petite église.

Eh bien! je le déclare, les écrits à la main et les preuves à l'appui, les journalistes sont des individualités sans généalogie, qui placent le patriotisme au sommet de l'édifice social, et qui mettent le bien-être matériel à la base; qui proclament l'inviolabilité de la propriété, et qui font servir l'agiotage de marchepied à la fortune; qui substituent le calcul aux croyances, et qui poursuivent sans fin la suprématie du sophisme en lui donnant pour école les scandales de la place publique.

Par ce que sont de tels penseurs, jugez de ce que sont les lecteurs : le doute obscurcit leur entendement; la désolation énerve leur âme; le vague dessèche leur intelligence; le dégoût empoisonne leurs affections ; la jalousie étouffe les élans de leur cordialité ; la désunion affaiblit leur patriotisme ; l'exemple leur fait faire des dupes ; le scandale défraie leur nullité ; le démenti assaisonne leurs conversations ; l'ironie leur donne de l'esprit ; l'injure leur met les armes à la main ; la calomnie les provoque à l'insulte ; la vanité fausse leurs bonnes œuvres ; l'abus de la réclame leur cache la vérité ; le succès leur fait aimer le mensonge ; la misère leur fait détester la vie : tout dans le journalisme dénote la personnalité et sert d'aliment aux passions ; rien n'y respire la bienveillance.

Ne demandez plus pourquoi les bons livres ne sont même pas une bonne action, et pourquoi les mauvais spectacles sont un besoin ; la lecture des journaux a déjà produit sur les convictions, au profit de l'indifférence, l'effet d'une nourriture délétère sur l'estomac au bénéfice du marasme : qui s'étonnera après cela de voir les journalistes, leurs lecteurs avec la foule de leurs comparses aller en si grand nombre peupler de nos jours les coulisses de la Bourse et les antichambres de la spéculation ?

Un jour les journalistes, premiers auteurs du malaise social dont ils précisent mal la cause, dans la crainte de participer à l'accusation, seront peut-être mis en demeure de donner aux masses un suprême conseil ; l'expérience, non moins que la justice des choses de la terre, m'autorise à leur dire que ce jour-là il leur sera répondu par la grande voix de la place publique comme eux-mêmes l'ont fait à d'autres : « Il est trop tard ! »

Où, quand et comment s'accomplira la catastrophe ? Il n'est plus nécessaire d'être prophète pour résoudre le problème : ce sera partout où les théories de l'intérêt du moment auront remplacé les réalités de la foi ; le jour où l'exemple de l'homme de bien aura moins d'action sur ses frères que la parole de l'homme pervers, par l'union des exploités assez bien disciplinés pour n'avoir plus rien cette fois à demander aux journalistes.

Jusqu'au jour de l'extrême péril, le journalisme profitera de l'avantage commode d'être tout à la fois précurseur et réformateur sans contrôle : au lieu de s'assujettir à la teneur d'un programme qui aurait l'inconvénient de ne plus laisser chacun penser, parler, raisonner et agir suivant le sens dans lequel il entend le progrès, il cherchera à sauver les apparences en plaçant l'élasticité de ses arguments sous la sauvegarde d'un sous-entendu comme celui dont nous avons tous les jours les prémisses dans son apologétique :

« L'égoïsme n'était point entré dans le plan de ma constitution ; si aujourd'hui vous voyez la spéculation dans mes œuvres, n'accusez que l'esprit de cupidité qui est en tout et partout : pour moi qui touche par le premier de tous les besoins, celui d'être à moi-même mon père nourricier, à tout ce qui fait progresser les sociétés, force m'est de marcher comme marche mon siècle. Je n'ai point été établi pour être le modèle de toutes choses, mais pour signaler tous les abus. Loin de m'offrir à la société comme ayant les moyens de guérir toutes ses plaies, je lui explique pourquoi personne n'a plus ce pouvoir, ni individuellement, ni collectivement, ni par délégation, ni par principe ; ma mission n'est pas de discuter dans quel avenir le genre humain finira sa dernière journée, mais de supputer la durée des gouvernements. Je m'affuble de leur livrée pour mieux montrer leurs côtés faibles; mais j'aime toujours l'humanité et la liberté; je déteste toujours la censure et les suspects, et je suis toujours prêt à tenter les grands desseins de l'intelligence; n'en est-ce pas assez pour crier : *Vive le journalisme!* »

N'en est-ce pas assez, répéterons-nous à notre tour, pour demander pourquoi des journalistes, si le bien qu'ils ont fait est si minime, quand le mal dont ils sont la cause et l'occasion est si considérable? Ne vaut-il pas mieux s'identifier à la sainte pensée de l'auteur de l'apologie d'Adam Mickiewicz, et répéter avec tous ceux qui ont les regards tournés vers le ciel : *Vive la Pologne!* Nous avons énuméré les motifs de notre premier jugement, nous allons exposer les considérants du second.

DEUXIÈME PARTIE.

LA POLOGNE

Il s'écoulera encore un long laps de temps avant que les diplomates et les banquiers comprennent la Pologne; aussi nos réflexions seront-elles plus particulièrement à l'adresse de cette classe de lecteurs qui partagent cette opinion qu'il existe des nations tenues en réserve pour l'accomplissement des secrets desseins de Dieu. A la lecture de l'oraison funèbre d'Adam Mickiewicz, ces lecteurs, pour peu qu'ils aient le pressentiment de l'avenir, se sentiront plus émus qu'en entendant le panégyrique du plus grand homme d'État de notre époque, parce que ce ne sont pas seulement les destinées d'un homme qui n'est plus auxquelles ils seront initiés, mais celles d'une nation qui sait qu'elle existe, parce qu'elle sait que son Dieu existe.

Qu'on juge de la joie et de la satisfaction que nous avons éprouvées, nous qui avons dans le cœur au plus haut degré la conviction que, quand Dieu s'apprête à rejeter des nations qu'il a longtemps protégées, il s'apprête en même temps à relever d'autres nations qu'il avait longtemps tenues dans l'oubli; quand nous avons connu l'œuvre d'un prêtre catholique qui avait osé déclarer en pleine assemblée publique, et en présence des autorités protestantes, que sa nation avait une mission divine à remplir!

A dater de ce moment, cette œuvre est devenue l'objet de nos plus sérieuses méditations : nous avons comparé l'état passé et l'état présent de la Pologne à l'état des nations qui ont plus particulièrement pesé sur le sort de la Pologne. Voici nos convictions avec les preuves à l'appui.

Nous sommes de ceux pour qui la Pologne, malgré les crimes de la diplomatie, existe toujours; nous apercevons la certitude d'un glorieux avenir dans cette parole prophétique qui chaque jour se transmet de bouche en bouche de l'Oder à la Dwina : « Non, la Pologne n'a pas péri. » Elle a été placée dans une situation où aucun des alliés de la trilogie criminelle ne pouvait avoir la volonté de la reconstituer, afin que la gloire de sa résurrection revînt à Dieu seul, et que la nation, dégagée des entraves de la reconnaissance politique, n'eût plus devant elle que l'œuvre impérissable d'une mission divine. Avant qu'elle fût elle-même imbue de cette croyance, il ne lui a été d'aucun profit de vivre dans un état permanent d'insurrection; aujourd'hui qu'elle est prête à se lever comme un seul homme pour aller, non plus comme autrefois, partout où se faisait entendre le cri de l'opprimé, mais où l'appelle la volonté de Dieu; sa vocation ainsi comprise lui confère le mérite d'un soldat en faction, l'arme au bras, qui se tient prêt pour une consigne.

La Russie proprement dite n'existe pas, car il faut, pour être dans la vérité, entendre par l'empire de toutes les Russies, le czar seul et tout au plus sa famille. L'ancienne Moscovie, œuvre de Dieu, a été effacée de l'histoire par Pierre le Grand pour fonder l'empire de toutes les Russies, devenu la septième partie du monde habité; monument d'orgueil transformé en puissance de désolation qui n'est autre chose qu'une immense caserne. L'histoire avait prouvé que la puissance entre les mains des masses inintelligentes n'avait été la sauvegarde d'aucune moralité; il restait à prouver que la force des masses entre les mains d'un seul homme était un instrument inerte : l'œuvre de Pierre le Grand a été destinée à mettre cette vérité en évidence; cette impuissance a duré assez pour montrer que la Russie, ainsi constituée, a été un monstre avant d'être un peuple.

L'avantage qu'aura toujours la Pologne sur la Russie, c'est d'être restée ce que l'a faite le christianisme; il y a fondé une famille dans chaque cabane, ce qu'aucune constitution humaine n'a jamais su faire.

Voyez la Russie : la famille et la maison y forment un dépôt de recrutement, mais n'y constituent pas la force vitale de la nation; le Russe a plutôt l'horreur que l'amour de la famille, ce qui en fait un ilote réduit au dernier degré du désespoir; la famille n'existe pas pour lui, ou, s'il en a gardé le souvenir, c'est pour se rappeler la vente d'une de ses filles, ou l'exil de quelqu'un des siens.

On ne voit point les Polonais quitter leur pays pour aller en Australie ou en Amérique se faire une seconde patrie ; ils ne passent d'une contrée dans une autre que pour s'exercer aux combats, mais non par esprit de lucre : ils sont tellement persuadés que leur mission sera un jour de combattre pour la foi et l'Evangile, que partout où ils sont, ils acceptent le rôle de pionniers de la parole divine et se réservent pour une lutte de sacrifice.

L'empire de Russie n'aura que la durée éphémère des choses créées par la volonté d'un homme, sans autre but que sa personnalité, durée qui n'atteindra jamais celle des nations qui ont eu le christianisme pour base ; aussi longtemps qu'elles resteront fidèles au principe de leur création, elles auront un nom dans leur propre langue et un rôle à jouer dans l'histoire. Depuis que les congrès se sont substitués au principe du christianisme dans la formation des nationalités, il n'y a pas eu d'histoire plus souvent refaite que celle de la diplomatie ; l'antiquité n'a pas connu les congrès, c'est pour cela qu'elle a eu de grandes nations à longue existence. Les petites nationalités pouvaient sans inconvénient disparaître par la conquête, parce qu'elles n'étaient la personnification d'aucun principe antérieur à leur existence ; elles n'étaient pas, comme la Pologne, destinées à avertir les diplomates que leur œuvre sera toujours à recommencer, parce que Dieu ne déshérite jamais complétement la nation qui, dans l'oppression et dans l'exil, continue à vivre de la vie de son principe divin et réellement le seul véritablement constitutif.

Entre Washington et Pierre le Grand, il existe une différence qui suffit pour faire pressentir la durée de l'œuvre dont ils sont les fondateurs. L'agglomération américaine a pu triompher des obstacles qui s'opposaient autour d'elle à un essai de la civilisation moderne, elle avait à extirper ou à s'assimiler des nations barbares ; dès le début elle a pu leur proposer de les régir comme avaient fait avant elle les grands peuples civilisés ; pour réussir, il lui a suffi de mettre ses institutions en harmonie avec les intérêts de chaque province.

Le point de départ de Pierre le Grand n'a pas permis à la Russie de s'agrandir par assimilation ; elle n'a pu le faire que par des acquisitions de juxta-position ; il a eu beau tracer à ses successeurs, avec l'autorité d'un grand génie, la marche qu'ils avaient à suivre pour atteindre un but final et déterminé, l'événement a prouvé qu'après plusieurs siècles d'efforts incessants les czars en étaient plus éloignés qu'à l'origine : partout ailleurs elle a échoué toutes les fois qu'il lui a fallu s'incorporer des populations plus héroïques que celles qui faisaient sa force par le nombre, ou détruire des institutions moins stériles que les siennes.

Avec la Pologne inféodée, la Russie aurait pu posséder de grands établissements au delà de ses frontières européennes ; mais en ne se laissant pas dissoudre malgré ses partages, la Pologne a contribué plus que tous les autres moyens diplomatiques à préserver l'Occident des atteintes de la Russie. A dater de l'époque du premier partage, tout a été tenté pour dénationaliser la Pologne ; dans ces derniers temps, il a fallu en venir jusqu'à lui enlever l'usage de sa propre langue après la perte de toutes ses libertés. Au dernier avénement son pardon lui a été offert, non par amour pour elle, mais pour faire croire au dehors à une solidarité qui n'existe pas. Dans ce duel à mort, la cause polonaise s'est trouvée en désaccord avec le journalisme sur ce point comme sur beaucoup d'autres ; il a trouvé des paroles empreintes d'une impuissance pleine d'exagération pour préconiser les futures destinées de la Russie, au moment où tout semble annoncer au monde chrétien que les Polonais dans cette sinistre circonstance ont obéi à une voix secrète qui les réserve pour une tout autre délivrance.

Pourquoi l'Amérique a-t-elle su dès l'origine inspirer une sympathie qui a toujours fait faute à la Russie, sinon parce que Washington avait réussi à créer un patriotisme nouveau, tandis que Pierre le Grand n'a su inspirer que la terreur en créant un instrument de despotisme ? La supériorité de l'Amérique lui est venue de l'habileté avec laquelle le gouvernement des États-Unis a su faire entrer le patriotisme dans toutes les institutions, ce qui est manifestement impossible avec la pression d'une volonté unique ; aussi la Russie n'a t-elle réussi à l'introduire ni dans l'union des provinces, là où il était si nécessaire à la liberté de ses mouvements, ni dans l'éducation, où il aurait développé le germe de la moralité : elle n'a même pas su en faire pénétrer l'apparence dans le commerce qui est par privilége le plus cosmopolite de tous les systèmes politiques ; nulle puissance n'a été, à un degré aussi élevé que la Russie, l'expression de la volonté d'un homme, la religion elle-même n'ayant plus d'affinités avec le principe chrétien n'a plus été qu'une institution humaine.

Pendant longtemps on a fait à la mémoire de Pierre le Grand l'honneur de croire qu'il avait retiré ses peuples de la barbarie ; il a fallu à l'Occident pour reconnaître son erreur atteindre le moment où des têtes de chemins de fer livreraient l'Europe à la barbarie de la Russie, au lieu de lui ouvrir son marché. Je n'examine pas aujourd'hui les raisons plausibles qui doivent faire craindre à l'Occident l'invasion des barbares du Nord par les voies ferrées, je constate seulement les efforts que font en ce moment des écrivains remarquables pour prémunir les gouvernements de l'Europe contre les dangers dont les menace dans l'avenir ce nouveau genre d'alliance dont la durée ne tient qu'à la solidité du fil électrique.

Lorsque les commerçants de l'Europe civilisée qui faisaient au xve siècle la splendeur des villes anséatiques, à la manière dont les banquiers du xixe siècle font l'ornement des capitales modernes, s'aperçurent de la faute irréparable qu'ils avaient commise en vendant aux Russes de Nowgorod en échange de leurs cuirs et de leurs fourrures des armes à feu ; il était trop tard pour les empêcher de songer à s'établir sur les bords de la Baltique et de la mer Noire. La facilité et la rapidité avec laquelle ces nouveaux enfants du feu, comme les appelèrent les Tartares, chassèrent devant eux à travers les profondes forêts de la Sibérie jusqu'aux extrêmes frontières de la Chine les peuplades sauvages, leur firent tourner les regards du côté de l'Occident, assurés qu'ils étaient qu'aucun danger n'était possible du côté de l'Orient. L'œuvre que formèrent entre elles les villes anséatiques pour arrêter le développement de la marine et de l'artillerie moscovites, les saisies qu'elles opérèrent, le blocus qu'elles organisèrent, la peine d'infamie qu'elles prononcèrent contre les infracteurs, toutes ces impuissantes barrières contre l'avidité des spéculateurs ne servirent qu'à prouver qu'il existait dans l'infâme Lubeck, cette digne aïeule de Londres et de Paris, un foyer de cupides négociants qui, malgré tous les obstacles et toutes les difficultés, savent toujours trouver le moyen de conduire à bonne fin une entreprise lucrative.

De même quand les gouvernements de l'Europe qui viennent de se coaliser dans l'intérêt de l'équilibre européen pour empêcher la Russie de se rapprocher de l'Occident par mer, reconnaîtront l'immense faute qu'ils commettent en ce moment, en l'aidant financièrement et politiquement à développer chez elle son réseau de chemins de fers qui la rapproche par terre, il sera trop tard pour empêcher les hordes du Nord de s'élancer vers le haut Danube avec la rapidité de la vapeur : à la fin du xixe siècle, comme à la fin du xve, l'Europe ne manquera pas de puissants industriels qui offriront de faire entrer la Russie dans la sphère des théories commerciales du monde civilisé ; mais leurs promesses ne vaudront que ce qu'ont valu les garanties de l'Autriche qui s'était engagée à soumettre la Russie à l'Église de Rome, si le pape voulait intervenir activement pour arrêter les progrès des Polonais déjà parvenus, sous le commandement du roi Etienne Bathory, au delà des anciennes limites occidentales de la Moscovie.

Pierre le Grand n'a pas plus que le fondateur de l'empire chinois voulu faire sortir ses peuples de la barbarie, puisqu'il a comme lui interdit toutes les frontières de son vaste empire à l'esprit de civilisation. Sa pensée unique avait été de développer, mieux que personne ne l'avait fait avant lui, le sentiment de la subordination : cette épreuve était nécessaire en présence du monde attendant son salut des institutions humaines, pour montrer la stérilité de l'esprit de subordination, en l'absence de la vérité religieuse. Ses traditions ont fait de ses sujets des êtres purement passibles, qui ont sur le champ de bataille l'héroïsme de l'esclave qui craint moins la mitraille qui le vise, que la rigueur des châtiments qui le poussent en avant.

Plus conséquents que la Russie, les États-Unis et la Chine, les deux grandes nations qui ont pratiqué la politique exclusive, se sont sagement interdit les alliances matrimoniales dont le moindre inconvénient eût été de montrer la nullité d'une religion que l'on accepte avec indifférence en vue des avantages d'une situation purement viagère ; la Russie, devenue diplomatique par ses alliances, a fait croire à son habileté, mais non à sa force ; elle n'a reconnu la faute qu'elle avait commise de perdre en négociations le temps qu'elle avait eu le tort de ne pas employer en préparatifs, qu'en voyant l'obstacle à la réalisation de son grand dessein s'élever du côté où elle avait eu diplomatiquement l'illusion d'attendre une part de coopération : forcée de rétrograder sans pouvoir recouvrer son libre arbitre, elle s'est retrouvée en face d'un élément étranger d'un autre genre, mais dû aux mêmes causes, aggravées de tout le poids d'un grand échec, et qui aboutira infailliblement à river la chaîne de ses relations à la puissance de l'argent, déjà arrivée au point d'être la dernière expression de la politique de cordiale entente des gouvernements entrés dans le concert diplomatique. Elle devait déjà à cette inintelligente déviation de sa puissance, l'immense faute d'avoir placé la tête de son vaste empire là où elle aurait dû n'avoir que le pied.

Telle que Pierre le Grand l'a constituée en face de l'Europe, la Russie est restée semblable à une comète dévoyée dont la queue est hors de proportion avec l'orbite qui devait lui tracer son sillon : aussi nul effort n'a-t-il pu la faire progresser vers les régions lumineuses ; son éphémère apparition au centre de l'Europe pourra longtemps encore faire peur aux astronomes subalternes de la politique de coalition ; mais son choc pour l'Occident n'est pas aussi à craindre qu'on essaie de le faire croire, parce que Dieu n'a jamais fait choix du knouth d'un renégat pour régénérer les nations déshéritées de leur divine splendeur.

Le drapeau de l'autocratie sera celui que la Russie devra définitivement avouer si elle veut être conséquente dans ses nouvelles tentatives de conquête, et profiter de l'immense développement d'une puissance qui a le point d'appui de sa politique dans l'essence même de son principe constitutif. La volte-face, si facile aux nations civilisées qui ont pour principe l'assentiment mobile des opinions, est un moyen d'influence qui fera toujours défaut à la Russie; l'erreur des autres gouvernements serait de croire qu'un danger analogue pourrait sortir de la politique d'un czar habile qui emploierait l'instrument qu'il a sous la main à soutenir non plus l'absolutisme, mais l'intérêt du peuple. L'échec qu'elle a éprouvé en élevant le drapeau de son schisme contre le drapeau de l'islamisme avant d'avoir déraciné chez elle l'hérésie, serait d'une bien plus funeste gravité pour sa tranquillité intérieure, si jamais elle essayait d'étaler le drapeau de la croix aux regards de l'Occident, avant d'avoir détruit chez elle l'esclavage. Bien différent sous ce rapport est l'avenir de la Pologne, inexorable dans son héroïque fidélité aux alliances de son baptême ; tout fait croire qu'elle peut encore donner la foi aux autres nations, parce qu'elle en possède le germe à un haut degré.

Aujourd'hui la nation polonaise languit dans l'oppression, parce que durant deux siècles aucune nation n'a été moins gouvernée qu'elle : sans aucun pouvoir central qui fût digne de ce nom, mise au ban des nations, privée de tous les éléments matériels de défense, par la seule force de son principe domestique, par l'union des familles et de la fraternité catholique, elle a survécu à ses propres fautes, et elle a résisté à tous les méfaits des gouvernements copartageants : à quoi a servi cet inique et impolitique partage, sinon à mesurer le degré de viabilité que la nation polonaise a su puiser dans la vérité de ses sentiments religieux ?

Ce qu'il y a d'extraordinaire dans un semblable prodige n'a pas été suffisamment apprécié ; on ne considère pas assez que toutes les greffes entées sur un semblable tronc ont péri par la répugnance qu'éprouvent ses racines à s'assimiler le suc des branches étrangères. De là vient cependant, sans qu'aucun gouvernement songe à remonter à la source de la vérité, que le sort de la Pologne est mis aux voix plus souvent que celui d'aucune autre nation du globe; il ne s'est point accompli de grand événement en Europe, y compris la dernière guerre d'Orient, sans que publiquement ou secrètement l'avenir de la Pologne n'ait été agité dans les conseils de la diplomatie. L'obstacle à son rétablissement ne vient pas de ce que sa cause n'inspire pas de confiance, mais de ce qu'elle est trop connue pour n'avoir jamais mis sa conscience aux voix : tous les gouvernements comprennent que le sol de la Pologne est une conquête mal acquise, mais ils agissent comme s'ils ne comprenaient pas qu'il ne lui sera jamais possible de se débarrasser de ses anciennes croyances.

Les deux grands caractères auxquels on reconnaît que Dieu a marqué la Pologne du sceau divin de son estampille, sont d'avoir toujours combattu avec désintéressement, et d'être toujours prête pour une mission de foi et de sacrifice.

Il se peut que Dieu, dans des vues de miséricorde sur la Pologne, ait divisé les peuples de l'Europe afin que l'intérêt de leurs gouvernements devenant leur règle de conduite, la Pologne cessât de placer en eux sa confiance, se souvenant que la colère de Dieu n'a commencé à s'appesantir sur elle que du jour où elle a recherché l'assistance étrangère. Peut-être n'a-t-elle pas encore assez expié cette faute capitale dans ses destinées, et si elle eût été sauvée par un bras de chair, elle aurait infailliblement poursuivi le même fantôme, au lieu qu'avertie de siècle en siècle par l'erreur des nations qui avaient cru retrouver la sécurité dans les évolutions diplomatiques, elle s'attachera invariablement au sentiment religieux qui lui aura conservé son homogénéité.

Quand la philosophie du xviiie siècle affaiblissait partout le principe catholique, c'était pour la Pologne, au milieu des dangers qui l'environnaient de toutes parts, le moment de se replier sur la religion qui fut sa mère et qui l'a douée d'un principe de vitalité inexpugnable. Quelles n'ont pas été pour son avenir les conséquences de la faute à jamais déplorable qu'elle commit d'aller mendier un appui dans la protection d'un roi protestant, et chercher un expédient de salut dans les conseils d'un écrivain paradoxal ? Si ce coupable oubli de son origine l'a conduite à jeter son sceptre et sa couronne dans le boudoir d'une Sémiramis schismatique, son châtiment immédiat n'a-t-il pas été de voir le symbole de sa puissance ramassé par un lâche familier d'alcôve ?

Depuis, elle a travaillé avec une admirable persévérance à faire oublier ses erreurs, mais elle aura épuisé la coupe des vengeances célestes avant d'avoir éclairé les diplomates qui trouvent ses mouvements trop brusques et ses doctrines trop puritaines. N'ont-ils pas cherché à faire peser sur elle l'injuste reproche de s'être attiré la haine des czars, en déchirant, sans nécessité comme sans motif, le pacte qui l'unissait à la Russie ?

Ce reproche fait peu d'honneur à l'intelligence des politiques qui ont considéré l'acte du congrès de Vienne qui a réuni la Pologne à la Russie comme une constitution, et non comme un traité international. Quand l'histoire a eu à enregistrer des traités internationaux, elle a toujours examiné de quel côté étaient les mauvaises tendances et les mauvais procédés; ici quelques traits suffiront pour montrer à qui les premiers griefs sont imputables.

N'a-t-on pas vu l'impudente Catherine, au moment où avec son doigt trempé dans l'encre elle venait de tracer sur la carte la ligne qui coupait en deux la Pologne, inonder l'Europe de proclamations qui annonçaient qu'elle ne prenait les armes que pour rendre à la Pologne sa liberté dorée?

Avec une perfidie encore mieux calculée, Alexandre ne répétait-il pas à tout propos et en toutes circonstances, que le partage de la Pologne était le plus grand malheur que l'histoire ait eu à enregistrer, et que sous son règne il ne l'eût jamais laissé s'accomplir? Cependant la bataille d'Austerlitz n'avait pas encore étonné l'Europe, que déjà, tout en allant soutenir son allié l'empereur d'Autriche, ce fidèle compagnon de tous ses crimes contre la Pologne, Alexandre jouait au roi de Pologne dans un château de la Gallicie où il avait organisé une manifestation qui dura trois jours.

La veille de la bataille de Tilsit, Alexandre offrait au général Kniaziewicz de l'aider à former une armée polonaise dont il aurait le commandement : le général avait l'exemple du passé pour apprécier l'offre d'Alexandre Ier, comme l'émigration interprète aujourd'hui l'amnistie d'Alexandre II; à cette fallacieuse promesse il préféra l'honneur de voir son nom inscrit sur notre arc de triomphe, comme l'émigration préfère à cette insidieuse amnistie la gloire de prier avec ferveur pour le retour des grandeurs de la patrie sacrifiée à la politique de criminelle entente.

En 1811 au moment où éclatait la guerre de la France contre la Russie, la première préoccupation d'Alexandre, en cela d'accord avec Bernadotte, fut d'attirer à lui les Polonais qui vivaient en surveillance à Saint-Pétersbourg, et il leur dit comme dernière tentative de séduction : « Pourquoi ne mettrais-je pas sur ma tête la couronne de Pologne? si cela pouvait vous convenir, ce serait le moyen de réunir toutes les parties de la Pologne sous une constitution nationale. »

Après l'échec de la grande députation polonaise auprès de Napoléon à Wilna; quand l'empereur eut effectué à Kawno le passage du Niémen qui lui livrait la Lithuanie, Bernadotte, alors à Oérebro, se hâta d'écrire, à la date du 6 juillet 1811, à Alexandre pour le presser de proposer la couronne de Pologne au général Poniatowski; il lui renouvelait les assurances tant de fois développées par le général Suchletern, que ce prince comptait secrètement sur l'assistance de la Russie pour monter sur le trône de son oncle. Où apparaît dans tout son jour la pensée des czars, c'est au congrès de Vienne, alors que leur digne héritier était sur le point de voir sa proie lui échapper ; quand il fut devenu évident au sein du congrès que l'Autriche, la France et l'Angleterre étaient sur le point de s'entendre sur les meilleurs moyens à prendre pour constituer une Pologne indépendante? Que fait Alexandre en ce péril extrême, mille fois plus à craindre pour lui que la désaffection de ses alliés? Il s'applique avec une habileté extraordinaire, d'un côté à flatter les Polonais, de l'autre à effrayer les membres du congrès ; il alla jusqu'à faire publier le 11 décembre 1814 et signer du nom de son frère Constantin une proclamation dans laquelle il était dit que l'empereur Alexandre était le seul capable de réaliser les espérances des Polonais, et qu'en dehors de la Russie les promesses des autres puissances seraient la ruine de leurs espérances. Alexandre a vécu assez pour rendre manifeste à tous les regards le mensonge de ses belles paroles.

A leur tour les puissances signataires des actes du congrès ont été appelées à statuer sur cette question qui tient une assez large place dans l'histoire pour convaincre les générations futures que les traités destinés à consacrer la solidarité des gouvernements ne sont au fond que le moyen diplomatique d'enchaîner l'action de la puissance qui serait tentée d'intervenir en son propre et privé nom, pour rétablir la lettre des traités violés par la puissance devenue prépondérante.

Grâce à tous ces subterfuges et à la criminelle complicité des aveugles alliés, voilà la Pologne livrée pieds et poings liés aux vengeances de son implacable rivale. Ce qu'à fait Alexandre, devenu roi de Pologne, ses successeurs, malgré leurs serments les plus solennels, se sont appliqués à en effacer les traces ; Alexandre n'avait point traité ses nouveaux sujets comme une nation adjointe à la sienne en vertu de traités internationaux ; ses successeurs n'ont même pas voulu faire profiter la Pologne des avantages matériels que possède la Russie. Alexandre Ier n'a pas craint de tromper les hommes après avoir trompé Dieu ; mais à peine si le monde catholique, qui est en léthargie, a jugé cette apostasie digne d'être transmise à la postérité. Mais Alexandre II, dans la cérémonie de son couronnement, n'a-t-il pas relégué le légat du pape à la porte de l'église? ne s'est-il pas communié de ses propres mains, sous les yeux des princes chrétiens? Par là, il s'est montré résolu à sacrifier les intérêts de toute espèce à ceux de l'empire, et, se retournant du côté de son porte-étendard, il lui a fait signe du doigt que le glaive ne doit jamais quitter les mains qui sont chargées du gouvernement.

La royauté de la Pologne fut pour Alexandre l'occasion de se débarrasser du grand-duc Constantin qui, s'il n'eût pas été le frère de l'empereur, aurait mérité d'être enfermé dans une maison d'aliénés. Les favoris furent dignes du maître : le trop fameux Novosilgoff, sur vingt-quatre heures, en passait les deux tiers dans l'ivresse ; la méchante cantatrice Philis, maîtresse du secrétaire, indignée qu'on ose la siffler, fait jeter en prison les siffleurs ; des journalistes se permettent de défendre la liberté du théâtre, ils vont rejoindre les siffleurs, et ainsi disparaît la liberté de la presse, garantie par la charte d'Alexandre.

En même temps qu'il accomplissait la consigne de détruire une à une toutes les libertés du peuple polonais, plus invariablement attaché que toute autre nation aux institutions qui lui rappellent la patrie, le grand-duc Constantin ne négligeait aucune occasion de corrompre l'esprit de la jeunesse. Sous sa haute direction, la séduction avait été organisée en grand et en détail ; le moyen qui lui avait paru le plus propre à cet effet, et qui n'aurait pas manqué de réussir avec tout autre peuple que le peuple polonais, avait été la création de l'école des 300 sous-officiers : il l'avait installée dans un château voisin du Belvédère, sa propre demeure ; si elle était surveillée et espionnée de jour et de nuit, en revanche, les plus grandes faveurs lui étaient prodiguées à satiété : à chaque promotion les meilleurs emplois leur étaient distribués au préjudice des droits acquis par les plus anciens officiers de l'armée.

Mais tel était l'effet produit sur l'esprit de ces patriotiques jeunes gens par l'ensemble des actes du gouvernement, que deux fois, dans l'espace de quelques années, au sein de cette même école, le projet de la délivrance de la Pologne a pu passer dans les faits sans qu'il se soit trouvé parmi eux un seul traître.

La première fois, le 20 mai 1829, à l'époque du couronnement du roi de Pologne, tous les membres de la famille du czar, réunis pour son sacre, allaient se trouver à la discrétion de l'école des sous-officiers : l'extermination des éternels oppresseurs de la Pologne fut résolue dans le conseil des jeunes gens, dont le dévouement héroïque a égalé celui du sénat romain aux plus beaux jours de la république.

Ils consentaient volontiers à se charger de la partie dangereuse de l'exécution, mais ils crurent prudent et convenable de réserver aux anciens de la nation le soin d'organiser le gouvernement ; cette déférence eut pour résultat de faire ajourner le projet de délivrance ; les anciens de la nation s'étaient flattés à tort, qu'après avoir prêté serment en présence de Dieu, le roi de Pologne ne se laisserait plus souffleter par les mains du czar de Russie.

La seconde fois, le 29 novembre 1830 ; tout le monde a su que c'est du sein de l'école des sous-officiers qu'est parti le signal de la délivrance ; mais ce que tout le monde ne sait pas, c'est que la veille de l'insurrection toute cette sainte phalange de martyrs était allée s'asseoir à la table sainte pour apprendre à la Pologne à ne faire qu'un cœur et qu'une âme sous l'égide du sacerdoce.

En présence des vertus éprouvées de toutes les classes et de tous les âges en Pologne, force est d'admettre que c'est le titre de roi de Pologne qui seul a préservé en 1829 la famille impériale d'une complète extermination ; cette famille l'a oublié ! Mais là n'est pas pour nous l'instruction qui ressort des dispositions dans lesquelles étaient les auteurs de la tentative de 1829 et du mouvement de 1830 ; en considérant d'une part la facilité avec laquelle la Pologne s'est débarrassée de ses oppresseurs, d'autre part le peu de temps pendant lequel elle a conservé son indépendance au milieu des dangers qui l'environnaient de tous côtés, et surtout du tiraillement de la politique des gouvernements étrangers, nous sommes porté à croire que cette fois encore la Pologne n'aurait pas fait de sa liberté et de son indépendance l'usage qui convenait à la suite des desseins de Dieu touchant sa mission catholique, qui est celle que nous avons constamment en vue quand notre esprit se reporte avec les douces émotions de l'espérance sur les nombreuses populations slaves.

La manière dont les czars entendent la religion n'a été bien connue que depuis qu'ils sont libres de faire à cet égard en Pologne tout ce qu'ils veulent ; quelques actes suffiront pour faire comprendre de quelle nature est l'intérêt qu'ils portent au catholicisme : par son ukase du 5 juillet 1831, le czar a défendu, sous les peines du knouth, d'ériger en Pologne de nouvelles églises catholiques ; par l'ukase du 19 octobre 1831 il a interdit de réparer les anciennes églises ; par l'ukase du 5 novembre 1851 il a ordonné qu'il n'y aurait qu'un seul prêtre catholique par district ; par l'ukase du 19 juillet 1852 il a affecté la moitié des églises catholiques au culte grec ; il est allé plus loin, et il a spécifié que dans toutes les localités où l'église grecque aurait besoin de réparations, au lieu de la réédifier on s'emparerait de l'église catholique.

Avant d'avoir de semblables témoignages à l'appui de cette opinion acquise à l'authenticité de l'histoire : « Entre les mains des czars, la religion est un instrument de despotisme, non un moyen de salut, » déjà Joseph de Maistre, accusé d'être plus Russe que les Russes, nous avait fait frémir quand il lui arrivait de réprouver avec sa profondeur ordinaire la stratégie séculaire des czars à l'endroit du catholicisme. Nulle ambiguïté n'est possible en face de l'évidence des faits : la violence ou la séduction, la faveur ou la Sibérie, la confiscation ou les dotations, la détention ou les grades, les tortures ou la décoration, le knouth ou l'avancement, telles sont les voies de l'apostolat imposé aux czars pour arriver à l'unité de l'Église schismatique, ce but secret de l'orgueil moscovite.

Plusieurs allocutions de la force de celle de Grégoire XVI en 1842 auraient puissamment contribué à démasquer cette hypocrisie profonde, tellement passée à l'état de nature dans la famille des czars, qu'il y a toujours lieu de craindre que le mouton ne devienne tigre. Il est préconisé de son vivant, le czar qui reste à distance de la cruauté et de l'extravagance d'Iwan auquel le prince André Kurbski, l'un des Kniles qui, au XVIᵉ siècle, s'étaient réfugiés en Pologne à la suite des Laszkin, des Kourakin, des Worotynski, adressait cette énergique représentation :

« C'est en punition de nos péchés qu'un souverain ivre de rage,
« souillé jusque dans les dernières profondeurs de la conscience,
« tyran inconnu parmi les plus épouvantables oppresseurs de l'humanité, calomniateur éhonté, donne le nom de traîtres aux sujets
« les plus fidèles, et celui de païens aux chrétiens les plus sincères.
« Crois-tu donc qu'il n'y a plus de Dieu ! Crois-tu qu'il n'y a plus
« de tribunal pour juger les rois ! Si tu ne crains pas les vivants,
« tremble du moins devant les morts, tremble devant ceux dont
« tu es le meurtrier. Ils t'attendent devant le trône du Juge éternel :
« tes lâches sujets peuvent te livrer leurs propres enfants pour
« étancher ta soif de sang, mais il ne leur sera pas donné de te
« rendre immortel. »

La foi des czars est tout entière dans la réponse d'Iwan :

« Malheureux Kurbski, pourquoi veux-tu perdre ton âme en sauvant par la fuite ta pauvre chair ? Ne valait-il pas mieux pour toi
« mourir pas ordre de ton seigneur et maître, et cueillir par là la
« palme du martyre ? La vie qu'est-elle ? que sont les prospérités et
« les gloires mortelles, sinon un néant et une ombre ? Heureux celui qui, par sa mort, peut racheter le salut de son âme ! S'il
« m'arrive de punir beaucoup, ce devoir est triste et douloureux
« pour mon cœur. N'est-il pas avéré qu'il reste encore des trahisons
« qui échappent à la punition ? J'ai besoin de la grâce du Seigneur,
« de la très-sainte Vierge et de l'intercession de tous les Saints,
« mais je ne demande pas de conseil aux hommes. Tu me menaces

« du jugement de Jésus-Christ dans l'autre monde ; tu crois donc
« que sa puissance ne gouverne pas également celui-ci ? Il faut que
« je t'avertisse que tu tombes dans l'hérésie manichéenne : tu pré-
« tends que ceux qui sont morts par mon ordre entourent le trône
« du Seigneur, c'est encore là une opinion hérétique. »

Après la prise de Polock, Kurbski ne craignit pas d'écrire à Iwan
comme aurait pu le faire un bon catholique de Russie après la prise
de Sébastopol.

« Eh bien, grand czar de Moscou, où sont à présent tes triom-
« phes ? Tu les a enterrés avec les héroïques martyrs dont tu es le
« bourreau. Le roi Étienne, avec un petit nombre de ses chevale-
« resques compagnons, palpe ton empire, et reprend les provinces
« que nous avions jadis conquises : toi, à la tête d'innombrables
« armées, tu te sauves et tu te caches pour échapper à ta conscience
« perverse qui te poursuit. N'est-ce pas là un signe visible que la
« main divine s'appesantit sur un tyran ? »

A la nouvelle que le czar venait de faire brûler à petit feu son
meilleur ami, le prince Wargatynski, en entretenant lui-même le
brasier du bûcher avec sa propre canne, Kurbski n'avait-il pas
raison de s'écrier : « Homme vraiment supérieur, homme d'une si
« rare puissance d'âme et d'esprit, que ta mémoire reste à jamais
« vivante dans notre maison ; tu t'étais dévoué pour une patrie in-
« grate dans laquelle la gloire est un danger et la vertu un crime. »

Tout sera-t-il oublié, quand on aura dit avec madame de Liéven
que ce sont là des vieilleries qui ont précédé l'action civilisatrice de
Pierre le Grand et de Catherine ! Mieux vaut examiner si le czarat
est corrigé ou s'il est incorrigible.

Nicolas, d'impérissable mémoire, qui était passé maître dans l'art
d'affecter les dehors du repentir après chaque aggravation de nouvelles mesures coercitives, comprit le danger de l'allocution de
Grégoire XVI, et il n'eut rien de plus pressé que de passer un nouveau vernis sur les démonstrations de son bon vouloir à l'égard de
ses sujets catholiques.

La cour de Rome, assez mal renseignée pour supposer que les
czars pouvaient être intéressés tout à la fois à la prospérité du culte
grec et à la liberté du culte catholique, accorda le concordat de
1847, qu'elle promulgua en juin 1848.

Mais sans l'insuccès de la guerre d'Orient dans laquelle Dieu est
manifestement venu en aide à son vicaire pour enseigner que si sa
parole peut être momentanément méconnue, elle n'est jamais complétement vaincue, il en eût été de la promulgation du concordat
de 1847 comme de l'allocution de Grégoire XVI en 1842, qui n'a

jamais été publiée en langue russe. Après un entr'acte de huit années passées dans le mépris du concordat de 1847, la gazette officielle de Saint-Pétersbourg, satisfaite d'avoir eu à constater préalablement la présence d'un légat du pape aux fêtes du couronnement de l'empereur, s'est enfin décidée à promulguer à la fin de 1856 le concordat de 1847; mais, afin qu'aucun Russe, connaissant son code législatif, ne fût excusable de se méprendre sur la portée de cette nouvelle loi de l'empire, on avait supprimé le considérant relatif aux promesses antérieures faites par les czars en faveur de leurs sujets catholiques; et comme si cette suppression n'eût pas été assez significative par elle-même, défense a été faite aux autres journaux de reproduire les articles du concordat. Vous êtes libre après cela de croire à deux évangiles orthodoxes et à deux papes infaillibles, mais à la condition de vous bien souvenir, pour votre gouverne ici-bas, qu'il n'existe qu'un seul autocrate.

Nous ne parlerons pas des trois évêchés récemment confirmés en Pologne, attendu qu'ils y sont considérés comme une faveur de la nature de l'abolition de la peine de mort par ukase de l'impératrice Élisabeth, en 1754 : en sorte que de même qu'il est impossible de trouver dans les lois de l'empire un délit de la moindre importance qui ne conduise pas directement l'accusé en Sibérie depuis la suppression de la peine de mort; pareillement, si les catholiques viennent à conserver le chiffre de leurs diocèses, ce qui déjà paraît douteux, ils doivent s'attendre à un redoublement d'espionnage et à un surcroît de mesures répressives.

L'exorbitant abus d'autorité qui avait pour but, dans les vues du gouvernement, de faire croire aux populations qu'il existe au-dessus du sommet social des êtres comme les czars, qui peuvent à leur discrétion réglementer les consciences avec le même sans-façon qu'ils disposent d'un monument destiné au culte catholique pour le faire servir au culte grec, a complétement échoué en Pologne; là, on n'a pas encore admis le compromis suivant lequel la force irresponsable serait le dogme de la puissance qui gouverne, et l'évangile avec ses dures prescriptions le partage exclusif des gouvernés.

Nous n'avons pas à examiner, et encore moins à dénoncer jusqu'à quel point les dominateurs qui, sous le manteau protecteur de la liberté de conscience, pratiquent à leur manière cette politique personnelle des czars, ont raison de compter sur les indulgences de l'autre vie; ce qu'il nous suffit de constater, l'histoire contemporaine à la main, c'est que déjà dans celle-ci il est surabondamment prouvé qu'ils s'étaient étrangement mépris en s'imaginant avoir assis solidement le principe de leur domination sur la longanimité persévérante des classes déshéritées : en effet, l'explosion n'est-elle pas de plus en plus menaçante depuis que les mœurs populaires attestent que la logique des esprits les plus vulgaires ne se fait plus illusion sur la valeur morale d'un système qui tend à faire des exigences de l'égoïsme orgueilleux des grands, leur religion pratique, et par contre, des rigueurs de la doctrine chrétienne, la croyance obligée de ceux qui doivent obéir et se taire? Le temps est venu où ceux qui observent les lois de leur religion sont en droit de dire à ceux qui la violent, que s'ils ne veulent pas que leurs peuples agissent en conformité de leurs exemples, c'est à eux de se conduire comme ils commandent aux autres de le faire.

Le principe autocratique déposé dans l'Église grecque, insuffisant qu'il était pour étouffer le catholicisme dans les cœurs, mais suffisant pour éprouver le clergé au creuset de la persécution, a abouti à faire de la religion le plus puissant lien entre Dieu et le patriotisme en Pologne : le prêtre y défend sa foi contre la politique astucieuse de ses oppresseurs, mieux encore que dans les pays idolâtres le missionnaire ne défend sa personne contre les aveugles tortures du bûcher.

En Russie où la politique du clergé n'offre aucun caractère d'indépendance spirituelle, son influence n'arrive qu'à des avantages matériels; en Pologne, au contraire, où les rapports entre l'Église catholique et toutes les classes de la population sont intimes, permanents, invariables, et ont pour idéal le principe spirituel, la vie du clergé n'est pas moins utile à la famille qu'à la religion : on n'a jamais vu s'élever de graves discussions entre les divers ordres du clergé et les autres classes de la société, comme cela arrive d'ordinaire aux époques d'effervescence et de trouble chez les autres nations; toujours en Pologne le prêtre se trouve en position naturelle d'exiger une loyale coopération qui lui fait rarement défaut : membre de la société commune, attaché aux traditions historiques du pays, intéressé à la noblesse du caractère, le seul pouvoir dont il se montre jaloux est de prendre à sa charge une plus large part dans les épreuves; il est de tous les clergés celui qui dans ces derniers temps a le moins tourné à la synagogue : sensible aux maux de son troupeau, s'il fait remonter jusqu'aux classes aristocratiques l'expiation des fautes qu'elles ont commises en voulant sauver la patrie trop par elles-mêmes, et pas assez par la coopération universelle, jamais cependant le ciel ne se montre inflexible par sa bouche : au pied des autels, il est l'apôtre de la miséricorde; sur le champ de bataille, c'est un Polonais aussi dévoué que tout autre chevalier de même origine.

Cette union intime de l'Église avec la nation a fait de la Pologne le peuple le plus désintéressé, et par cela même le plus utile à l'avenir de la civilisation; il est le plus avant dans les desseins de Dieu touchant la restauration du christianisme en Orient, parce qu'il est le seul aujourd'hui à bien voir dans les épreuves de l'oppression la volonté de Dieu, et à chercher dans les pratiques de la charité l'harmonie des choses de la terre que les autres demandent à la science humaine : au-dessus des lois de son pays auxquelles il est attaché de cœur, et qu'il respecte comme la preuve que les libertés qui dans ces derniers temps ont passé aux yeux des diplomates pour des rêves pleins de périls, avaient été pendant des siècles des réalités en Pologne, il reconnaît des lois éternelles dont se compose l'essence même de sa destinée. Même dans ses écarts apparents de don quichotisme qui le font agir contre ses intérêts, comme en Orient où il avait tout à gagner par l'agrandissement de la Russie, puisqu'alors le danger dont est menacé l'Occident eût été plus manifeste, le Polonais est dans la vérité, par la raison qu'il ne sépare jamais sa cause de celle de l'humanité, de la civilisation et surtout du christianisme.

Les obstacles les plus difficiles à surmonter pour le vainqueur, les difficultés les plus profondes à vaincre pour le conquérant, sont les mœurs, les usages, les habitudes, les croyances séculaires; ce qui explique pourquoi les droits des envahisseurs sont souvent restés imparfaits en présence de toutes ces réalités; mais quand une grande nation a su échapper comme la Pologne à l'envahissement de l'immoralité, et qu'elle n'a succombé que devant les subterfuges d'une diplomatie aveugle, toujours les institutions des dominateurs y sont restées sans racine. Vous vous êtes mis à trois pour dépecer la Pologne, vous avez su trouver le moyen de rendre de plus en plus les autres gouvernements solidaires de votre politique spoliatrice, vous vous renvoyez de chancellerie à chancellerie vos notes diplomatiques rédigées de manière à faire prédominer l'opinion qu'il n'existe plus de Pologne aristocratique ni monarchique, mais seulement une Pologne révolutionnaire; affectant de ne pas reconnaître qu'il y a toujours eu sous ces trois régimes dans le passé, et qu'il y aura toujours sous l'égide du christianisme une Pologne expectante : eh bien! mutilez au gré de vos caprices, dans la mesure de votre prépotence, l'indépendance nationale, changez les cérémonies de la religion, pervertissez l'esprit de la constitution, faussez la dignité historique, étouffez les étincelles du courage, anéantissez les garanties tutélaires de la moralité, circonscrivez le domaine de la pensée, faites la désolation jusque dans les profondeurs du sol, isolez le père du fils ; aussi longtemps que vous n'aurez pas réussi à trouver le moyen d'empêcher la mère de famille de prononcer le nom du Dieu dans le sein duquel reposent ses espérances au chevet du lit de son enfant, dès qu'il est capable de prononcer dans la langue du pays le mot *patrie*, toujours il se trouvera aux extrêmes limites de l'ancienne Pologne des cœurs nobles et généreux, assez dévoués pour se sacrifier et pour réédifier l'édifice divin que vous aviez cru à jamais écroulé sous les coups sacriléges de votre barbarie.

S'il pouvait encore être ajouté à l'honneur du drapeau polonais, ce surcroît de gloire lui viendrait du côté des vertus civiques de la femme, qui serait Romaine au plus haut degré, si elle n'était pas chrétienne par prédilection : cette éducation de la mère de famille suffit pour faire éclore dans les jeunes cœurs le germe des vertus qui font les héros, parce qu'elle est elle-même un dépositaire fidèle des traditions nationales ; si les longues années de l'inaction venaient à faire croire aux dominateurs que la défaillance a atteint le cœur des fidèles Polonais, nous leur rappellerions, pour faire apprécier à sa juste valeur le mal fondé de cette illusion, que toujours la femme morale a inspiré l'amour des prodiges de l'héroïsme à l'homme qui l'aime, la respecte et l'admire.

Contrairement aux vues des czars, l'oppression a produit chez ce peuple héroïque les heureux effets qu'auraient pu seuls obtenir les efforts persévérants d'une grande éducation nationale : l'excès de la persécution a fait sentir la nécessité, mieux que ne l'aurait fait une prévoyante tolérance, de renforcer intellectuellement l'être le plus faible physiquement ; un vil espionnage inquisitorial a eu l'avantage de rétablir au sein de la famille l'équilibre détruit dans la direction de l'enseignement national ; l'enfant a retrouvé dans sa mère le modèle que la loi politique lui ravissait avec la liberté de son père : l'orphelin n'a pu être déshérité du glorieux héritage de ses ancêtres du moment qu'il pouvait apprendre de sa mère, au foyer domestique, à aimer ce qu'elle aimait, et à espérer ce qu'elle espérait ; elle ne lui a point enseigné à courir après le succès qui naît de la richesse, celui-là serait pernicieux pour les caractères et par conséquent pour la délivrance de la patrie ; elle s'est appliquée à le rendre capable de ces efforts qui sont, même pour les nations opprimées, le moyen providentiel de donner aux nations opulentes une leçon de moralité au milieu de la détresse, et une leçon de dignité au milieu de la misère.

L'idéal, non pas celui que nos modernes romanciers ont ramassé aux égouts de la corruption sociale, mais l'idéal purement spéculatif, a toujours été sévèrement banni de l'éducation domestique ; la raison, la religion, la vérité, l'histoire de la Pologne, sont les seuls livres dans lesquels la mère apprend à lire à sa fille : elle sait qu'elle peut et qu'elle doit parler à celle de huit ans comme à celle de quinze ans ; aussi personne ne sait mieux que la jeune fille ce qui est beau pour l'aimer, et personne ne sait mieux qu'elle ce qui est mal pour l'éviter.

Plus austère au XIXe siècle que Marie Leszczynska au XVIIIe, parce qu'aujourd'hui les malheurs de son noble père et les épreuves de sa patrie sont plus profonds et plus héroïques, la jeune princesse née dans l'émigration a renouvelé de nos jours, aux applaudissements du monde honnête, l'immortel exemple de Vanda, en préférant à toute autre l'alliance modeste de celui qui a pu dire le jour de son mariage à ses compatriotes : « *Je ne croirai avoir mérité mon bonheur que quand je vous aurai prouvé à tous que je suis prêt à sacrifier ma vie et ma fortune, non-seulement pour votre cause, mais encore pour chacun de vous.* »

Un pareil exemple n'a-t-il pas sa valeur pour démontrer que la vie d'un cœur polonais se double de tout souvenir et de toute impression qui lui rappelle les émotions des siècles passés? Les émigrés ne sont donc pas des démagogues incorrigibles qui pratiquent l'enthousiasme d'un parti pris. Leur tort impardonnable devant les hommes du jour n'est-il pas plutôt de regarder froidement les destinées de cette industrie, coupable à leurs yeux d'absorber au préjudice des plus saintes causes les cœurs des nations réputées les plus intelligentes et les plus chevaleresques, ce qui donne aux opprimés le droit imprescriptible de faire retentir éternellement un langage accusateur aux oreilles des diplomates, depuis surtout que ceux-ci ne sont plus que les plus zélés défenseurs et les plus fervents compères des industriels de notre siècle? Ces nobles polonais n'ont pas l'air de faire partie de la génération au milieu de laquelle ils sont dispersés, tant la nature de leurs travaux et de leurs fatigues pour se trouver à un moment donné à la hauteur de leur mission de résignation et de sacrifice contraste avec les moyens par lesquels les progrès matériels cherchent à se prémunir contre les orages dont nous menace l'avenir : le jour où ils sont devenus insouciants d'un culte semblable, ils ont forcément grandi devant leurs détracteurs, parce qu'ils ont pu inscrire sur leur drapeau le mot d'ordre qu'ils avaient déjà gravé dans le cœur : *Séparation d'avec les infâmes.* La seule chose qu'ils ne supportent pas et qu'ils ne pardonneront jamais, c'est la tentative, de quelque côté qu'elle se présente, d'opposer des calculs personnels à leurs espérances qui répondent à ce que le monde ne comprendra jamais.

L'avenir glorieux de la Pologne, quand il en surgira de nouveaux Machabées armés pour sa délivrance, s'expliquera par la conduite actuelle de l'émigration, comme s'est expliquée la restauration des Juifs sous Zorobabel par la conduite qu'ils avaient tenue pendant les 70 années de la captivité. Leur mérite devant Dieu fut de n'avoir pas imité les mœurs corrompues des populations au milieu desquelles ils avaient été dispersés, et d'avoir vécu des souvenirs de *Sion* au sein du luxe enivrant des Babyloniens ; de même la gloire de l'émigration devant le christianisme sera d'avoir échappé à la contagion universelle de cette cupidité, pleine de mystères d'iniquités telles que les siècles les plus dissolus de l'antiquité n'ont rien connu de semblable ; cupidité déjà arrivée à ce degré de dégradation qui prépare les divisions, provoque les jalousies, enfante les haines, et déracine l'amour de la patrie, c'est-à-dire de la famille, car le mot patrie vient de paternité, et sans l'alliance des cœurs la famille n'existe plus.

L'amour d'une liberté qui est l'opposé de l'asservissement n'est point cette vapeur subtile qui s'évapore sans résultat dans les inutilités de la vie sociale ; c'est un sentiment toujours actif qui se fortifie par les exigences collectives du patriotisme, et qui s'offre en sacrifice à cette religion catholique qui unit les cœurs et fait vivre les nations par un lien commun ; ce sentiment plus actif que les autres, et qu'il ne faut pas confondre avec la fièvre et le délire des orgies du sensualisme et de la concupiscence, ni avec l'enthousiasme plein de souillures de l'indépendance, vous allez apprendre à le comprendre en apprenant à connaître Mickiewicz.

Les sentiments réellement religieux qui sauvegardent l'existence des peuples momentanément tombés dans l'abaissement, mais qui ne sont pas inévitablement entraînés sur la pente de la décadence ; les sentiments pratiquement libéraux qui sont le lien le plus indissoluble de toutes les classes de la nation fière de ses souvenirs ; les sentiments sincèrement patriotiques, mais qui ne vont pas jusqu'à suivre les chefs constitutionnels dans leurs fautes comme l'exige l'école moderne ; tous ces sentiments renforcés de leurs corollaires les plus essentiels s'unissent dans une sainte espérance pour constituer l'immolation de l'émigré, le soutenir et le consoler d'avoir préféré pendant de si longues années les dures privations de la captivité aux douceurs empestées de la prospérité industrielle ; maintenant, il reste à démontrer que tout Polonais devenu forcément ou volontairement membre de la hiérarchie officielle en Russie, conserve au fond du cœur les mêmes sentiments que l'émigré, sinon avec la même confiance, au moins avec le même désir

de leur donner tôt ou tard leur légitime consécration : une preuve
de cette vérité qui les vaut toutes, puisque l'auteur est encore vivant, ressort du langage singulièrement remarquable que nous
empruntons à l'ouvrage d'un officier de l'armée russe qui vient de
faire la guerre de Crimée, et qui a fait appel à toutes les publicités
de l'Europe, tant il craint peu l'enquête et la contradiction.

« A l'âge de neuf ans, je fus admis dans le corps des cadets à
« Saint-Pétersbourg ; c'est à l'école même que j'ai reçu la première
« leçon qui m'a révélé que je n'étais pas Russe : dès le premier
« moment où je fus capable de distinguer le bien du mal, je res-
« sentis un mouvement d'aversion dont le temps et l'expérience
« n'ont fait qu'accroître la violence : en effet, comment aimer un
« pays dans lequel toutes les religions conservent le privilége d'a-
« voir des organes de leurs convictions dans la langue native, et
« où il nous est interdit, à nous autres Polonais, de nous instruire
« de la religion de nos pères dans la langue maternelle? Nous n'a-
« vions même pas la faculté de reproduire nos doctrines religieuses
« dans la langue russe, et jusqu'à l'usage de la lithographie nous
« était défendu ; il ne nous restait pour nous édifier mutuellement
« que le souvenir des entretiens que chacun de nous pouvait avoir
« avec les membres de notre clergé : aucun moyen ne pouvait être
« plus perfidement imaginé pour nous faire oublier notre langue
« natale, les souvenirs de nos ancêtres et les devoirs de notre ori-
« gine ; celle-ci nous place dans un cercle de difficultés insurmon-
« tables, car en restant fidèles à notre nativité, nous devenons
« suspects, et en apostasiant on nous méprise ; dans l'un et l'autre
« cas nous sommes abreuvés de dégoûts, souvent nous devenons
« l'objet des reproches les plus irritants ; on nous considère, sinon
« comme les auteurs de la désorganisation de l'armée, du moins
« comme le principe des échecs qu'éprouvent les armes russes. Si
« les habitudes de la vie militaire, les liens de la camaraderie, les
« épaves de l'ambition ne sont pas capables d'altérer les fruits pré-
« coces du pur sang catholique qui coule dans les veines d'un Po-
« lonais ; de son côté, il a beau parvenir aux grades les plus élevés,
« il n'est jamais complétement affranchi de cette méfiance qui
« équivaut à une humiliation : la dure extrémité d'être antipathi-
« que à mes meilleurs compagnons d'armes qui sentaient instinc-
« tivement que j'étais un faux frère, m'a fait prendre en exécration
« les finesses des diplomates qui ne comprendront jamais notre ré-
« pugnance à servir sous les drapeaux de nos oppresseurs, car nous
« avons beau nous sentir au fond de l'âme des sentiments nobles et
« généreux, nous nous faisons horreur à nous-mêmes ; nos visages

« sont sans animation, nos gestes sans aisance ; notre attitude est
« sans dignité ; notre aspect contraste tellement avec la franche
« gaieté et la loyale cordialité des autres corps d'officiers, que, tout
« en nous révèle des hommes qui n'ont jamais respiré l'air vivifiant
« de la liberté. Nous soupirons sans cesse après le sort du faucon
« dressé pour combattre les faucons libres, et qui, au moment où il
« déploie ses ailes bruissantes pour traverser l'horizon de l'indé-
« pendance, adresse à l'oiseleur ces significatifs adieux : « Rentrez
« maintenant avec votre cage, n'attendez plus le faucon. »

« Nommé en 1851 officier dans un régiment de chasseurs à pied,
« j'ai parcouru pendant cinq ans une grande partie de cet empire
« deux fois aussi étendu que le reste de l'Europe : chaque résidence,
« je pourrais même dire chaque étape, m'a fourni une preuve nou-
« velle de l'impossibilité où se trouve la Russie, soit de prospérer
« matériellement dans l'état d'esclavage abrutissant où languit
« l'immense majorité de la population, soit de se régénérer sans
« commotion politique : je n'aurais pas été amené par les exemples
« de démoralisation que j'avais partout sous les yeux, à me former
« cette conviction, que je l'aurais forcément puisée dans les rapports
« officiels de l'empereur avec ses conseillers, dont l'éternelle
« préoccupation est de représenter au souverain qu'il ne faut pas
« songer à introduire la moralité dans les administrations avant
« d'avoir réussi à moraliser le peuple : ce qui est tout simplement
« affecter ouvertement de vouloir la fin sans vouloir le moyen qui
« y conduit.

« Toutes les considérations que je pourrais présenter sur un pa-
« reil sujet sont au-dessous des renseignements consignés dans le
« rapport du ministre de l'intérieur pour l'année 1855 : dans cette
« seule année, le prélèvement de la population a été de
« 66,902 hommes pour la milice, et 571,053 pour l'armée de ligne,
« ensemble : 738,955 hommes, sur lesquels 571,053 ont été à
« jamais privés du droit de rentrer dans leurs foyers ; si l'on ajoute
« à ce chiffre les hommes de corvée employés au service des ma-
« gasins et des transports, on trouve la dixième partie des forces
« productives de l'empire entièrement paralysée.

« Plus de la moitié de l'ancienne Pologne, c'est-à-dire plus de
« dix millions d'individus ont été incorporés à l'empire ; au moins,
« neuf millions sur dix étaient en communion avec le vicaire de
« Jésus-Christ ; aujourd'hui sur soixante millions d'habitants dans
« toute l'étendue de l'empire, il ne reste plus que 2,770,509 catho-
« liques : en présence d'un si grand résultat dû à l'apostolat du
« knouth, l'allié du Dieu rédempteur, comme s'intitule le pontife

« schismatique, a eu de pompeux remerciements à adresser à ses
« popes ; mais le pontife romain n'a-t-il pas dû détourner la tête
« s'il a bien compris que cet immense empire est à jamais con-
« damné à ne pas connaître d'autre religion que le schisme le plus
« détestable de tous les schismes, puisqu'il est celui de la servilité
« et de l'oppression dans sa plus haute expression !

« Les colonels et les officiers supérieurs n'ont pas laissé échapper
« une si belle occasion que la guerre de Crimée, sans s'exciter à
« prélever les bénéfices les plus scandaleux sur les fournitures ; la
« nourriture du soldat était tellement intolérable qu'elle a eu bien-
« tôt changé son enthousiasme en clameurs menaçantes ; il était
« impossible d'approcher des cuisines, tant elles étaient nauséabon-
« des, sans se sentir suffoqué par une répulsion invincible. Quoique
« le soldat russe soit de tous les êtres raisonnables celui qui a l'âme
« la plus humble, cependant les limites de la patience avaient été
« tellement dépassées, qu'il s'est senti transporté d'une rage inex-
« primable qui a fait explosion sur le champ de bataille.

« Au combat d'Inkermann, en regard des mornes figures des deux
« grands-ducs, quarante-cinq officiers du même régiment ont été
« immolés en holocauste de la main du soldat, qui n'en a épargné
« que cinq : mais là ne s'est pas arrêtée cette effroyable boucherie ;
« les soldats spécialemect attachés aux officiers ont tenu à les ven-
« ger, et la tuerie a recommencé entre eux. Il ne faut pas chercher
« ailleurs l'explication du grand nombre d'officiers qui tombent
« frappés à mort à la moindre rencontre ; un des vétérans, en re-
« connaissant que la désertion eût été universelle si elle eût été
« possible, me disait : « La haie est forte, mais les pierres sont
« pourries, voilà pourquoi elle tombe d'elle-même. »

Les réflexions qu'a fait naître en mon âme cette lumineuse cita-
tion m'ont conduit à me demander, dans le cas où la Russie par-
viendrait à dénationaliser les onze douzièmes de la Pologne, s'il
faudrait désespérer de sa résurrection : le cri de ma conscience a
correspondu au souvenir de la malédiction sur Samarie et de la
restauration de Jérusalem : après trois siècles de rivalité entre les
deux villes réprouvées, les dix tribus succombèrent, tandis qu'une
lampe resta toujours allumée dans Juda. S'il pouvait arriver que la
Pologne, où le culte catholique a toujours été conservé dans sa pu-
reté, fût complétement absorbée par la Russie, ce serait Dieu qui
serait vaincu dans ses promesses aux nations restées fidèles à la
foi ; mais comme pour être dans la vérité et la justice, il faut toujours raisonner dans le sens de la plus grande gloire de Dieu, ce
sera la Russie, arrêtée dans son essor audacieux par une main invi-

siblé, qui viendra humilier son front superbe sur le pavé vengeur du dernier temple catholique de la Pologne.

— Cette époque ne peut qu'être hâtée par la transformation qui se prépare en ce moment; l'Europe est aujourd'hui plus que jamais en position d'importer en Russie le progrès matériel, certainement elle ne faillira pas à cette partie de sa mission civilisatrice; mais avant de vous décerner des éloges, ou de vous partager de gros bénéfices, si vous êtes partie active du progrès international, regardez de tous les côtés autour de vous quelles sont les conséquences les plus immédiates du progrès matériel actuel; s'il est vrai qu'elles soient de tous points opposées au progrès moral; s'il est vrai que la civilisation contemporaine, séparée du catholicisme dont elle devra forcément déposer le drapeau à la frontière, si elle veut pénétrer librement en Russie, n'ait plus en propre aucune idée morale à inculquer, n'est-il pas évident que le résultat prochain de cette nouvelle alliance, toute d'intérêts matériels, sera une plus large porte ouverte aux empiétements de la démoralisation et de la dégradation?

Les Polonais, vainqueurs des Turcs sous les murs de Vienne, s'étonnèrent de ne pas voir leurs conseils mieux écoutés qu'ils ne l'ont été quand ils dirent aux princes chrétiens: « Le schisme de Mahomet est moins funeste et moins à redouter que le schisme des czars, contre lequel c'est un devoir pour nous de vous prémunir : celui-là n'est que le schisme du fanatisme, et son fondateur ne s'est intitulé que le prophète de Dieu; le Coran qu'il a laissé derrière lui renferme du moins des principes évangéliques dont il recommande la méditation et la pratique; mais celui-ci est le schisme de la subordination dont le représentant toujours présent sur la terre se proclame l'allié du Rédempteur; son fondateur n'a rien voulu emprunter à la religion de Rome qu'il savait être pleine de force et de vigueur; il a convoité l'héritage de la religion grecque précisément parce qu'il pouvait en attirer à lui les restes épars; pour réussir dans son projet de domination universelle, il a osé renouveler à son profit la transfiguration du Sinaï d'où il est descendu un knouth à la main; la menace est son symbole, il n'en tient pas le signe ostensiblement dirigé contre les infidèles, ce qui le placerait dans l'obligation de se ceindre lui-même du cimeterre; par prudence il ne le tient levé que sur la tête de ses sujets; dans cette attitude de soumission il ne leur enjoint pas de demander pour lui l'assistance de Dieu, ce serait diminuer à leurs yeux son omnipotence; avant tout il exige d'eux qu'ils invoquent de lui-même l'appui et la miséricorde, comme si c'était à lui qu'est dévolue la mission de punir les crimes de la conscience. Eh bien ! comment ne voyez-vous pas que par là il a constitué tous les peuples de sa domination en hostilité avec tout le reste du genre humain ? »

En s'exprimant avec cette loyauté pleine d'un généreux dévouement pour de nouveaux périls, les guerriers de Sobieski ne comprirent pas à leur tour, dans leurs préoccupations pour leurs futures destinées, qu'il ne convenait plus aux secrets desseins de Dieu qu'ils fussent sur tous les champs de bataille les gardes du corps du catholicisme ; la Providence les destinait à des épreuves moins brillantes suivant le monde, mais plus méritoires devant l'Église. A dater de cette dernière victoire devait commencer pour eux la période des expiations pour durer tout le temps nécessaire à l'épreuve du nouveau schisme : par là il deviendra évident à tous les regards, pour la plus grande gloire de Dieu, que des deux extrémités de l'échelle sociale, la révolte sous le nom de réforme, et la subordination sous le nom d'orthodoxie, ayant constamment marché avec toutes leurs forces à l'encontre l'une de l'autre pour se disputer l'empire de l'univers, il est arrivé que toutes les deux n'avaient plus en perspective que l'alternative de la honte dans l'impuissance, ou du suicide dans le désespoir. Au lendemain de ce jour-là les Russes lavés dans le baptême de leur propre sang viendront d'eux-mêmes demander à la Pologne des apôtres pour la convertir ; les Polonnais à leur tour, cessant de voir dans les Russes des oppresseurs insatiables de vexations, pour ne plus apercevoir en eux que des frères égarés, les réconcilieront avec un principe moralisateur, l'ayant gardé pour eux au milieu de la déchéance universelle : là sera la glorification des secrets desseins de Dieu sur ces deux peuples dont le contraste fait aujourd'hui l'étonnement des hommes exercés à voir l'avenir dans le présent.

A quoi aura servi aux czars de créer une nouvelle tribu de Lévi dans laquelle se recrute le sacerdoce? à quoi leur aura servi de reconstituer dans le grand synode de Moscou le sanhédrin qui remplace admirablement la direction générale de la police de l'empire? En faisant du pope l'oreille et la langue du gouvernement, ils ont tout simplement réussi à décorer du nom pompeux d'orthodoxie la plus dégradante des institutions humaines.

En Russie, l'insubordination est la plus énorme monstruosité dont puisse se rendre coupable un séminariste ; tout peut lui être pardonné, l'indocilité jamais ; la plus légère infraction à la discipline sert de prétexte au sous-préfet pour l'incorporer dans la milice ; rentré dans les ordres il peut pour une faute analogue être envoyé dans un régiment de ligne. Ce passage du sacerdoce dans l'armée, et de l'armée dans le sacerdoce, fait comprendre ce qu'il faut que soit le pope, et indique ce qu'il est.

Deux années sont nécessaires au prêtre catholique pour apprendre le cathéchisme à l'enfant de la première communion : ces deux années, le pope les consacre exclusivement à l'enseignement des signes extérieurs de la religion, sans se préoccuper en aucune manière du dogme ; si plus tard il lui arrive d'initier le néophyte à la vie des saints, c'est bien moins pour élever son esprit à la contemplation des considérations intellectuelles qui ont présidé à leurs moindres actions, que pour fixer son attention sur leurs actes d'obéissance et leur scrupuleuse exactitude à observer les prescriptions du jeûne : aussi ne demandez point à un mougik si c'est un plus grand péché de boire une cuillerée de lait un jour de jeûne que de voler ; telle est l'idée qu'il s'est formée de l'orthodoxie, qu'il s'étonnera qu'on puisse comparer une faute aussi ordinaire que celle de voler à un péché aussi énorme que celui de violer la prescription du jeûne, et pour lequel l'absolution ne s'obtient qu'en donnant beaucoup d'argent ; la pratique de la mortification jointe à l'instruction nécessaire pour bien savoir comment porter un ornement d'église, de quel côté doit être tournée la principale figure de la bannière, s'il faut suivre la croix en partant de l'orient ou de l'occident, constitue avec le talent de bien faire le signe de la croix l'excellence de l'orthodoxie, et le Russe méprise les autres religions principalement parce qu'aucun autre peuple ne sait aussi bien que lui s'acquitter des cérémonies du culte.

Au lieu du calme et du recueillement qui se remarquent dans les temples des catholiques, surtout dans ceux des campagnes, entrez dans une église russe, vous vous croirez transporté dans un gymnase : ce ne sont de tous côtés que des signes de croix à grande dimension, des génuflexions savantes, des prostrations profondes ; le tout accompagné d'un mouvement fébrile des lèvres, qui est trop précipité pour faire croire au langage du cœur ; après quoi chacun se retourne vers son voisin, et engage avec lui, sur leurs affaires particulières, une conversation qui se prolonge jusqu'à la fin de l'office : le mougik, auquel la dernière préoccupation du pope est de communiquer la vie morale, ne s'imagine pas que la religion soit faite pour enseigner autre chose que les menus détails de cette étiquette orthodoxe.

Aussi du moment que, sans indépendance, sans théologie, sans prédication et sans sobriété, il n'y a plus nulle part de clergé digne du sacerdoce, le pope n'est plus que l'officier instructeur d'une liturgie officielle dans laquelle le nom du czar revient plus souvent que celui de Dieu : bien plus, dans la crainte que l'idée spirituelle ne serve à constituer le germe d'une société secrète, il évite de distribuer au peuple le pain de l'âme. Ce dogmatisme, plus hideux que l'irréligion, est l'esprit du cathécisme publié avec l'approbation des évêques sous ce titre impie : « Du culte que l'on doit à l'empereur.»

Dans l'Église catholique, vous payez aux fabriques l'éclat et la pompe des cérémonies qui accompagnent le baptême de vos enfants, la mort de vos parents ou votre propre mariage ; vous vous félicitez dans l'Église russe de pouvoir acheter à prix d'argent l'exemption des sacrements qui vous mettraient en contact avec un prêtre que vous méprisez, et assez vil pour trahir les secrets que vous lui confieriez. Le pope, destiné à suppléer l'insuffisance du gendarme, est armé par la loi du droit de visiter votre habitation sous prétexte de s'assurer si vous y entretenez convenablement le petit autel autour duquel doivent être encadrées les images des saints, et de vérifier si rien de défendu n'est servi sur votre table un jour d'abstinence : les paroisses où les infractions sont nombreuses sont celles dont les popes en faveur se disputent avec le plus de scandale l'administration, parce qu'elles sont les plus lucratives.

En plus des ordres religieux, il existe encore parmi nous quelques pieuses familles qui ont conservé la sainte coutume de réciter le *Benedicite* en mémoire de la fraction du pain ; en Russie, l'usage est général non-seulement de faire une génuflexion avant le repas, mais avant de commencer chaque occupation ; l'obligation d'avoir un petit autel dans l'angle de chaque pièce de votre appartement est une des conséquences de la grande vénération de toutes les classes de la société envers les glorieux patrons de la sainte Russie : l'ami qui vous visite est tenu de faire une révérence à cet autel avant de vous avoir adressé une salutation à vous-même ; suivant qu'il connaît la sincérité de vos sentiments religieux, ou qu'il tient à vous donner la mesure de sa dévotion, il fait coup sur coup deux ou trois prostrations avec plus de précipitation que d'humilité, et s'il est parvenu à être du nombre de ceux qui frappent du front la terre sans y faire toucher les genoux, seulement en y posant les mains, aucun soupçon ne peut planer sur son orthodoxie. Le père, pour sauver la vie de son enfant malade, ne le laisserait pas faire gras un jour d'abstinence ; pour le même motif, il ne se ferait pas scrupule, le fait a été judiciairemeut constaté, de couper la tête d'un voyageur pendant son sommeil, parce qu'au repas de la veille il l'aurait vu faire usage d'une nourriture qui n'était pas orthodoxe.

La même absence de dignité se fait remarquer dans les proces-

sions extérieures ; l'étranger qui n'irait pas au fond des choses, serait disposé à croire le Russe le plus religieux de tous les peuples,
en voyant l'ensemble avec lequel tous ces corps se plient et se re-
plient tantôt vers la croix, tantôt vers la bannière, ici vers le pope,
là vers l'église : vous diriez un champ de céréales dont les rafales de
l'Océan font courber les épis.

Aux époques assez fréquentes où il y a plus de séminaristes que
de places vacantes, il suffit d'une ordonnance de l'empereur pour
faire déverser dans les rangs de l'armée le trop plein des maisons
religieuses : ici la science, le courage, la bonne tenue, l'élévation
des sentiments sont des trésors superflus, parce qu'aucun titre ne
remplace le privilége de la noblesse qui, nous ne craignons pas de
l'affirmer, ainsi constituée en face du vrai mérite, n'est propre qu'à
affaiblir et affadir l'autocratie elle-même.

En assujettissant même le sacerdoce au gouvernement du bon
plaisir, les czars savaient fort bien qu'ils prenaient place au-dessus
des autres représentants de Dieu ; mais lorsqu'ils établissaient le
contraire de tout ce qu'ont fait avant eux les autres fondateurs
d'empires, les czars ont cru s'élever au-dessus de tous les autres
despotes, ce qui a été, dès l'origine, le calcul secret de leur plus
pernicieuse ambition.

Ailleurs, le mariage des prêtres est au moins facultatif ; en Russie, il est obligatoire avant l'ordination définitive ; pendant la cérémonie de son mariage et en présence de tous les assistants, le pope,
soumis en cela à la même discipline que tous les autres mariés, doit,
au pied de l'autel, échanger avec sa fiancée les trois baisers lascifs
prescrits par le rituel.

La nature de ce signe extérieur imposé à la validité du sacre-
ment n'étonnera que ceux qui ignorent l'obligation rigoureuse dans
laquelle sont les parrains et les marraines d'arriver à cracher sur
le pavé de l'église au moment où le pope leur demande s'ils renon-
cent à Satan, à ses pompes et à ses œuvres.

La manie des innovations chez les czars n'a pas été jusqu'à pres-
crire à la mère d'assister au baptême de son enfant ; on en comprend
la raison ; mais ils ont poussé l'abus du despotisme jusqu'à lui in-
terdire d'être présente au mariage de sa fille : dans le premier cas
surtout, cette présence serait nécessaire ; car si la mère néglige de
faire connaître par avance au pope qui célèbre le baptême qu'il sera
grassement rétribué, elle est exposée à voir donner à son enfant,
au lieu du nom si recherché d'Iwan ou de Nicolas, celui d'Enfina-
gen, de Charlampiey, d'Invgrafiey ou tout autre nom semblable
aussi bien imaginé pour faire fourcher la langue.

Si le pope vous connaît trop pauvre pour racheter à prix d'argent n'importe quelle faute d'irrévérence commise à son égard, ou à l'église devant lui, s'il a sa raison pour pouvoir surveiller vos moindres mouvements, il a le pouvoir de vous condamner à vous prosterner la face contre terre jusqu'à deux cents fois par jour, et cela pendant deux mois.

Contre de semblables scandales n'espérez pas pouvoir recourir, comme d'abus au pouvoir civil; lui-même intervient en toutes circonstances pour soutenir l'autorité du pope tout en le surveillant; car si l'omnipotence du pope va jusqu'à vous faire payer le billet de confession prescrit par le synode, le double de ce qu'ont à lui donner ceux qui se confessent réellement, quand la police vient à soupçonner la fraude, vous avez à satisfaire directement à ses investigations les plus compromettantes touchant votre dévotion à la personne du czar et votre sympathie pour son gouvernement : l'avantage qu'a le pope sur l'espion, c'est d'être cru sur parole quand il se fait dénonciateur secret.

Un semblable disciple du Christ ne tient pas à ce qu'on le suppose institué pour autre chose que pour surveiller le culte des fidèles envers le czar; vous ne pouvez pas vous-même avoir une autre idée de l'orthodoxie, lorsque, durant le même office où le culte qu'on rend à Dieu tient si peu de place, vous entendez à plusieurs reprises, à la suite de longues prières toutes pour le czar, l'interminable nomenclature de tous les membres de sa famille, même du petit enfant à la mamelle, avec la pompeuse désignation de leurs noms, prénoms, titres et qualités, ainsi que des noms de leurs père et mère : l'oubli d'une parcelle de la formule impériale entraînerait pour le pope des peines bien autrement graves qu'aucune des autres inconvenances dont il pourrait se rendre coupable envers la Divinité; ici, la politique du czar vient au secours des vicieuses habitudes de ses ministres, puisque des portes sont disposées autour de l'autel pour dérober au public la vue de certaines infamies.

De tous les enseignements admirables que renferme la vie du Christ, celui dont la recommandation revient le plus souvent dans la bouche du pope consiste à peindre le Fils de Dieu se soumettant sans murmurer au jugement de mort prononcé contre lui par l'autorité légitime; le prédicateur sait en faire découler, pour toutes les classes de la société, l'impérieuse obligation de ne jamais se permettre une plainte même secrète contre les décrets de l'empereur.

Maintenant faites comparaison du clergé polonais avec le clergé russe, et par eux, du caractère et de l'avenir des deux peuples; et dites à haute et intelligible voix s'il ne vaut pas mieux être, avec le prêtre catholique, pour la Pologne, au cri de ralliement de foi et liberté, qui équivaut pour lui à cet autre : Dieu et la patrie, que d'être, avec le pope, pour la sainte Russie, au cri orthodoxe de subordination, qui équivaut, pour quiconque a l'âme bien placée, à cet autre : abjection.

Les philosophes comme Michelet, qui ont de la peine à admettre que le pope ne soit pas un bon prêtre, seront moins disposés que notre philosophe historien a croire le conseiller municipal un magistrat indépendant, quand ils apprendront ailleurs que dans les livres que la constitution de la commune libre a été inscrite dans la loi de l'empire « *ainsi sera*, » uniquement pour faire croire au loin à la réalité d'une certaine mesure d'indépendance. Dans l'administration de la commune, comme dans celle de la paroisse, tout est prévu et réglé à l'avance jusque dans les plus minutieux détails, soit en ce qui concerne l'emplacement et l'importance de l'édifice communal, soit la disposition de la pièce destinée aux élections, soit la forme du tribunal avec le siége du président ; sur les terres faisant partie soit du domaine privé du czar, soit de la liste civile, n'importe dans quelle contrée de l'empire où vous vous trouverez, vous apercevrez invariablement une maison ayant la même apparence, avec les mêmes dépendances, meublée de la même manière, pourvue des mêmes ustensiles ainsi que du même nombre de boules blanches et noires ; mais un édifice ne constitue pas une municipalité.

A proximité de ce lieu-là, vous en distinguerez un second avec écurie, destiné aux employés en mission, et où réside l'homme de service ; puis, à la distance obligée de deux kilomètres, vous rencontrerez un troisième établissement officiel où se débite l'eau-de-vie au profit du trésor : toutes ces propriétés doivent être le plus possible éloignées du centre des populations ; c'est tout ce qu'a su prévoir la sagesse du gouvernement pour prévenir les excès de l'exaction et du pillage ; mais comme ce dernier mode de s'enrichir convient bien mieux aux délégués du pouvoir dont rien n'égale l'avidité, sinon la prodigalité, que l'augmentation de l'impôt, dont la modicité reste le moyen de faire croire à la bénignité du gouvernement ; sachant qu'ils disposent du repos et de l'honneur des familles, ces délégués trouvent dans la terreur qu'inspire leur caractère officiel de représentants de l'autorité l'expédient facile pour arracher, tant aux producteurs qu'aux consommateurs, tout ce qu'ils possèdent, jusqu'à la dernière limite du possible ; souvent même ils les poussent au crime pour se faire livrer ce que le crime seul peut procurer.

Souvent aussi le crime s'exalte lui-même, comme le prouve

l'exemple rapporté par Hasthausen, bien que partisan du czarisme: un paysan qui avait à se venger aurait pu très-aisément tuer son adversaire dans des circonstances qui lui auraient garanti l'impunité.; mais sa vengeance limitée à un seul individu eût été incomplète à ses yeux; son dessein étant de l'étendre à toute une génération, il ne trouve rien de mieux que d'en abandonner le soin à l'avidité d'un agent du fisc : à cet effet, il s'introduisit secrètement dans l'habitation de son ennemi, avec la résolution d'y accomplir sur lui-même une pendaison, bien persuadé que l'enquête qui en serait la conséquence aboutirait à une procédure qui non-seulement serait la ruine de cette famille, mais qui aurait pour premier résultat de conduire en prison tous ceux que le soupçon le plus léger atteindrait.

Nous n'examinerons pas jusqu'à quel point l'immixtion d'un officier judiciaire dans une famille équivaut à un désastre irréparable et entraîne après elle des conséquences analogues aux ravages de la peste et du poison ; nous nous bornerons à faire observer que quand il s'est agi de constituer l'indépendance de la commune libre, avec un procureur de la couronne pour surveillant, les administrés auraient désiré avant l'épreuve pouvoir se soustraire au privilége de se gouverner eux-mêmes; tant ils étaient convaincus que toute innovation administrative devient une aggravation de charges et un surcroît de périls ; voilà quel est leur découragement, arrivé à ce degré d'abaissement qui fait perdre le désir du soulagement dans la crainte qu'il ne soit prochainement suivi d'une réaction plus insupportable que la vexation à laquelle on était habitué.

Nous savons aujourd'hui par nos soldats que si les paysans étaient libres de penser comme ils sentent, ils feraient des vœux pour l'invasion de leur pays ; l'instinct de leurs prévisions s'est si souvent trouvé vérifié par les résultats, qu'ils ont accueilli avec la plus grande répugnance la nouvelle organisation des biens de la couronne, par le seul motif qu'elle nécessitait l'érection d'un ministère qui devait, dans chaque province et dans chaque district, être représenté par des subalternes : ils aimeraient beaucoup les réformes, mais à la condition de ne point avoir d'organisateurs.

Si façonnées que soient les populations à une obéissance passive, n'ayant point d'adversaires contre lesquels il leur soit loisible de faire des manifestations collectives, elles n'ont pas laissé que de se soulever contre l'introduction des nouvelles organisations; telle sera, longtemps encore, leur seule manière de faire de l'opposition.

En vertu de son droit d'élection, le tribunal de la commune a le privilége de condamner au knouth; mais ce pouvoir se réduit pour lui à l'obligation d'entériner le verdict du procureur de la commune : celui-ci commence par faire saisir son justiciable, l'emprisonner et le battre ; puis, comme il serait contraire à la bonne justice du czar que le délinquaut fût puni sans sentence, l'accusateur convoque le tribunal pour lui faire ratifier ce qu'a exécuté l'accusation.

La même formalité a lieu lors de la clôture des registres de chaque exercice ; car cette commune libre non-seulement a un budget, mais chaque conseiller municipal a droit à un traitement particulier, à la condition de n'en jamais demander la plus minime partie au payeur, qui sait qu'il n'en doit compte qu'au procureur de la commune.

Un nouvel employé, s'étant avisé d'étaler sur la table des délibérations l'argent nécessaire pour faire face au traitement de chaque conseiller, ceux-ci crurent d'abord qu'on leur avait envoyé un aliéné pour les présider ; se voyant menacés s'ils n'acceptaient pas, ils s'exécutèrent dans les formes de la plaisanterie ; mais quand enfin ils se virent forcés d'emporter cet argent, ils furent saisis d'un effroi horrible, s'imaginant que cette évolution cachait un plan savant qui les conduirait infailliblement à une catastrophe, et ne pouvant pas croire que celui qui abandonnait ainsi un sentier battu n'eût pas en réserve plusieurs autres expédients qui lui profiteraient davantage.

Le premier acte de tout nouveau délégué est de faire choix d'un intermédiaire qui, sans aucun caractère officiel, concentre tous les revenus de la commune, et se charge lui-même d'en faire la répartition ; c'est comme un meuble garni que se repassent les uns aux autres tous les officiers de la couronne. L'action mystérieuse de cet agent discrétionnaire fait mieux connaître l'état de cette commune libre, que l'énorme volume de la charte qui s'étend sur le principe constituant, la forme des élections et le tarif des impôts ; chacun comprend qu'il n'y a point de charte réelle là où il est établi en principe, entre le chef et les délégués, que toujours les lois doivent se taire devant les instructions directes.

Cette commune libre n'est pas le premier essai qu'aient fait les czars de l'élément électif ; les villes jouissent du privilége d'élire un député au tribunal civil de la circonscription : l'unique fonction de ce magistrat, élu par ses pairs, semble être celle d'aider à chauffer le poêle de la salle des délibérations, quand il se présente une circonstance où le président ait besoin de constater son concours et son vote ; aussi figurez-vous un de ces moments terribles où l'équipage d'un bâtiment naufragé est réduit à tirer au sort une nouvelle victime, et vous aurez une faible idée de l'image qu'offre un collége électoral quand il s'agit de désigner l'élu qui deviendra le comparse des délégués du pouvoir exécutif.

Parmi les trois catégories d'esclaves qui existent en Russie, les moins malheureux devraient être les serfs fixés sur les terres appartenant en propre au czar, puisqu'il a l'entière liberté de les doter des améliorations conseillées par le progrès des lumières sans porter aucun préjudice aux droits de la noblesse ; mais l'intendant qui les gouverne a sous ses ordres une nuée de contre-maîtres dont la mission semble être que leur sort n'excite en aucune façon la jalousie des esclaves placés dans des conditions moins avantageuses ; c'est parmi la catégorie des esclaves attachés aux terres de la liste civile qu'on recrute les employés de la poste et des autres services. Quant aux serfs qui constituent l'apanage de la noblesse, ou qui sont la propriété des particuliers, leur moindre inconvénient est d'avoir deux maîtres sans pouvoir suffire aux exigences de l'un ou de l'autre.

L'indépendance de ceux qui ne sont pas esclaves consiste à se taire ou à se voir obligés de dire aux étrangers que le peuple aime son gouvernement, et que la Russie est le pays où l'on demande le moins de réformes et où l'on murmure le moins contre l'autorité ; aussi pour quiconque ne parvient pas à percer l'épaisse croûte qui intercepte toutes les investigations, l'essence intime de la Russie devient un problème impossible à résoudre s'il ne la juge que par le libellé des lois, le texte des traités et les manifestations de l'action extérieure.

En effet, puisque l'empire des czars est resté une énigme pour eux-mêmes, comment ne serait-il pas un problème pour les étrangers? Tous ses grands hommes d'Etat ont été forcés d'avouer qu'ils étaient en face d'un mystère; leur tort a été de chercher à l'expliquer par une série de mystères encore plus incompréhensibles que l'existence même de la nation dont Dieu ne veut pas dessiller les yeux avant d'avoir dessillé ceux du souverain, pour lui laisser apercevoir l'abîme au-dessus duquel il l'a tenu si longtemps suspendu ; tous ont contribué à l'envi à rendre les choses plus incompréhensibles en adaptant les noms en usage dans le langage du monde civilisé à des choses inconnues ou qui signifiaient l'opposé de la définition universellement adoptée; ainsi l'illusion s'est trouvée faite dans la chose, dans le langage, dans les couleurs extérieures et jusque dans la conviction ; à chaque grand événement il s'est trouvé et il se trouvera que rien de ce qui paraissait exister n'est existant : tout se reflète dans un mirage perpétuel disposé pour tromper l'œil le mieux exercé; aucune création entreprise en commun avec la Russie ne peut être conduite à bonne fin, par la raison qu'avant le résultat définitif tous les dehors ont changé. Est-il étonnant qu'incompris dans leur for intérieur, les czars soient condamnés les premiers à ne jamais rien comprendre de ce qui leur arrive du monde extérieur, et surtout à ne pouvoir rien résoudre pour passer avec sécurité de l'exécution d'un premier projet à l'accomplissement d'une seconde entreprise sur laquelle il n'y ait plus à revenir? D'ailleurs il ne serait pas élevé dans le czarisme, celui qui ne travaillerait pas à détruire de la main gauche ce qu'il a édifié de la main droite. Voyez ce que sont devenues les chartes consenties par Alexandre Ier à la Pologne et à la Finlande? Nicolas, après avoir remplacé la charte par un statut de sa façon, n'a-t-il pas fini par le jeter au vent.

Si les czars ont oublié que l'immense pouvoir qu'ils se sont arrogé au point de vue politique et religieux les a rendus responsables de la morale publique, l'histoire les jugera non par ce que sont les membres de la famille impériale ou ceux qui composent leur entourage, mais par ce que sont les peuples soumis depuis longtemps à leur domination; il a été logique d'apprécier après un certain laps de temps le Christ non plus seulement par ce qu'il avait été lui-même, mais par ce qu'étaient devenus ses disciples; puisque le czar se qualifie l'allié du Rédempteur, il est rationnel de le juger par l'état intellectuel et physique des populations situées aux extrêmes limites de l'empire. Si pour les premiers chrétiens s'enivrer, voler, faire des contorsions, eût mieux valu que sentir, croire, adorer du fond du cœur, la question n'eût plus été d'examiner si le Christ était véritablement le fils de Dieu : il eût été voué à l'exécration publique : elle n'est donc plus d'examiner si Pierre le Grand a eu le génie de son époque, mais de constater que les czars sont dans l'erreur et leurs peuples dans l'ignorance.

Lorsqu'un Russe met en avant sa justice et sa foi, le Polonais qui l'écoute est obligé de se dire : Voilà mensonge sur mensonge; et la réflexion l'aide à prendre au fond de son cœur la résolution d'endurer le martyre plutôt que de pactiser avec un semblable schisme. Si la vie de quatre générations s'est usée dans cette lutte suprême de l'opprimé contre l'oppresseur, il convient de reconnaître que depuis les persécutions des empereurs romains, la période polonaise est sans contredit la plus glorieuse du christianisme.

Pour nous, le seul code international digne de ce nom est l'Évangile, au tribunal duquel sont jugés les souverains, comme l'est le criminel au tribunal civil; du moins quand l'assassin exerce une vendetta, il limite sa vengeance, même il joue sa vie contre celle d'autrui et contre toutes les forces de la société; quand l'incendiaire met le feu à l'habitation de son ennemi, il n'anéantit pas les générations suivantes: par quel renversement de toutes les notions de la morale publique se fait-il qu'on proclame irrévocable la décision de trois diplomates qui, après avoir souillé la carte de leur dîner, ont sali celle de l'Europe pour livrer des populations nombreuses à la vendetta d'un rival implacable? qu'on doive des hommages au despote qui brise l'existence des nations dont la formation a duré des siècles, et qu'il faille adorer le souverain qui travaille à détruire les grandes choses qu'un autocrate ne peut ni faire ni défaire, telles que les mœurs, les croyances, les gloires historiques, les vertus des races; le ciment des familles? Les diplomates sont donc des répartiteurs sans le sens moral, auxquels il sera toujours impossible de comprendre que le plus difficile pour les générations nouvelles est de parler le langage qu'ont ignoré leurs pères, d'effacer de leur mémoire comme superfluités les souvenirs qui ont illustré la patrie, de demander miséricorde dans un temple où leurs ancêtres n'ont point adoré la Divinité, d'étudier des lois que leurs aïeux n'ont point élaborées, enfin de livrer leurs enfants pour grossir les rangs d'une armée destinée avant tout à conduire leurs parents dans l'exil. La diplomatie n'a plus de code dans ses archives depuis qu'il suffit soit du caprice d'un homme qui dessèche plus vite que le moindre des arbustes, soit d'un chiffon de papier que l'on nomme traité, pour que des nations qui pendant des siècles ont rendu un culte au vrai Dieu, soient pendant d'autres siècles forcées de soumettre leur conscience à un synode présidé par un général escorté d'un procureur impérial.

Les inimitiés ne commenceront à s'éteindre que s'il se trouve un czar assez sage pour se dire à lui-même : « Le cadavre de la Pologne est le grand obstacle à un rapprochement nécessaire entre les peuples slaves et ma nation ; je vais rendre aux Polonais tout ce dont je ne veux pas faire usage pour moi-même, leurs lois, leur langue et leurs traditions; redevenus libres, ils n'en seront que plus éloquents pour reconquérir le cœur des Slaves élevés dans l'indépendance du christianisme. Le feu dévore tout, l'inondation ravage tout, mais la puissance de l'apostolat ne s'éteint jamais. La similitude qui a existé entre les deux peuples quand ils étaient dans les langes, rend leur rapprochement plus facile qu'entre la Pologne et l'Allemagne: elle a souvent désiré l'alliance de la Russie, faisons l'essai de sa sincérité; puisque l'Occident la refoule vers moi, je n'aurai plus à la craindre quand elle aura la preuve que je la désire forte contre ses ennemis et les miens. J'ai fait des ingrats en me faisant le protecteur de ceux qui mettaient de la graisse sous les roues de mon char quand j'avais à traverser la Pologne pour arriver plus vite à leur secours. Depuis le ixe siècle, la Pologne a su résister aux forces de l'islamisme et du germanisme, les plaies qu'elle a faites au czarisme ne seront jamais parfaitement cicatrisées; donc elle sait porter l'épée; mais je ne dois pas oublier qu'elle a toujours aimé, dans sa plus grande force, à se présenter l'olivier à la main; à quoi me servirait de chercher plus longtemps à me persuader qu'elle n'existe plus? On ne craint pas les morts, et son fantôme est toujours debout devant mes yeux, prêt à faire un pas en avant. Si la justice doit finir par avoir le dernier mot dans tous les débats qui divisent les hommes, plus vite je confesserai les fautes de mes prédécesseurs, plus facilement on me pardonnera les torts de ma position. »

TROISIÈME PARTIE.

ORAISON FUNÈBRE

D'ADAM MICKIEWICZ

Sur une terre funèbre recouverte des tombeaux d'un passé plein de grands souvenirs, abreuvée du sang de nos aïeux, de nos pères, de nos fils, minée par les torrents de larmes de trois générations, Dieu a suspendu une lyre aux sons tristes mais harmonieux, afin que le vent, en frappant ses cordes, en fît exhaler des regrets amers pour les fautes passées. Le cri de douleur des orphelins agenouillés au pied des tombeaux est une hymne de prières implorant l'espérance bénie au milieu de l'obscurité d'un doute universel; et tandis que la lyre éolique est assaillie par le souffle impétueux des vents, ses cordes ont rendu un gémissement plaintif, elles se sont brisées dans une crise suprême, toute la terre a été émue de douleur; ceux qui sont encore debout sur les tombeaux de la patrie ont été réveillés subitement de leur léthargie; une perte nouvelle leur rappelait qu'ils étaient déjà orphelins, une douleur nouvelle a déchiré des plaies à moitié cicatrisées, un deuil récent voilait à leurs yeux les sillons paternels.

Quand nous avons, orphelins, perdu dans notre mère-patrie tout ce qui adoucit l'amertume de la vie ici-bas, tout ce qui honore les peines et ennoblit les travaux des hommes; quand nous avons été privés des richesses et de l'héritage de nos pères; quand le sceptre de l'indépendance s'est échappé de nos mains, et que de l'auguste front de la nation a été arrachée la couronne royale; quand des maîtres nouveaux nous ont envié jusqu'à notre nom propre, qu'indolents dans notre prudence, nous avons commencé à renier notre propre passé; quand enfin, spoliés dans notre héritage, nous avons perdu jusqu'à la dignité d'héritiers que nos fautes avaient ternie;

alors, en place des rois qui reposent dans les tombeaux, des princes emmenés en captivité; alors, en place des palatins exilés, des
seigneurs forcés d'acheter l'eau de leur propre puits, Dieu nous avait
envoyé un roi de la pensée et de la parole, un prince de la poésie et
du sentiment, pour nous donner du courage dans notre infortune,
pour ne pas écraser par un dernier coup les poitrines encore gon-
flées d'un vieil orgueil : après la perte de toute sa grandeur, notre
nation était encore grande par cette âme.

C'est ainsi que Dieu envoya Jérémie à Israël, alors qu'il était dans
les fers de Babylone, afin que le prophète, quand Jérusalem n'était
plus, exhalât ses plaintes sur la ruine de Sion ! « Tous ceux qui
« passaient par le chemin ont frappé des mains en nous voyant; ils
« ont sifflé la fille de Jérusalem en branlant la tête et en disant :
« Est-ce là cette ville d'une beauté si parfaite, qui était la joie de
« toute la terre? » *Jér.*, 2-15.

Alors n'ayant plus autour de nous, ni même en nous, un autre
idéal de beauté, nous n'eûmes plus que dans ses chants une preuve
vivante que le passé dont la voix puissante prédit l'avenir, ne meurt
point, mais se relève de sa poussière pour entrer dans une nouvelle vie.

Voilà que les chants ont cessé de retentir ; un excès d'amertume
a empoisonné une âme qui se nourrissait de l'amertume de nos
douleurs ; l'atteinte de souffrances mortelles a brisé un cœur dont
les douleurs doivent surpasser toutes les douleurs! « Vous ignorez
« qu'un héros, qu'un grand héros est tombé aujourd'hui dans Is-
« raël? Il n'est plus, il n'est plus parmi nous !... et maintenant...
« Tous nos ennemis ont ouvert la bouche contre nous, ils ont
« sifflé, ils ont grincé des dents et ils ont dit : Nous les dévorerons;
« voici le jour que nous attendions, nous l'avons trouvé, nous l'a-
« vons vu. » *Jér.*, 2-16.

« Le Seigneur a fait ce qu'il avait résolu : il a accompli ce qu'il
« avait arrêté depuis longtemps, il a détruit sans épargner, il nous
« a rendus un sujet de joie à nos ennemis, et il a élevé la force de
« ceux qui nous haïssaient. » *Jér.*, 2-17.

Et maintenant, mes frères, je vous parle ainsi avec le prophète :
« Faites couler de vos yeux jour et nuit un torrent de larmes; ne
« vous donnez pas de relâche et que la prunelle de votre œil ne sè-
« che point. »

Vous tous que sa mort a rendus orphelins, vous attendez que je
vous dise son nom et que je vous raconte sa vie.

Son nom? — Pour lui il n'y a point de nom, car il n'y a point de
nom qui atteigne sa hauteur !

Où il est né? — Le sein de sa mère, ce sont les entrailles de la patrie; son berceau a été le lit de douleur sur lequel repose la nation épuisée; les pleurs des mères et des vierges ont été le chant qui a bercé son enfance; le gémissement de la douleur a été la parole qui lui a appris à chanter!

Où il a vécu? — Il a vécu dans l'air que nos poitrines respirent, dans les pensées qui fermentent dans nos cerveaux, dans les sentiments qui dilatent nos cœurs.

Qui il était? — Ne le demandez pas! car c'est une douleur immense : il était l'âme, la pensée, il était la parole de la nation, et il est mort!

Non, il n'est pas mort; car s'il est mort, c'est notre parole, c'est notre âme, c'est notre vie qui est morte avec lui! Il n'est pas mort, et tant qu'il y aura sur cette terre un seul cœur qui ne cessera de battre pour la patrie, il respirera la vie du poëte; tant qu'il y aura des lèvres que ne fera pas rougir la langue de leurs mères, les chants du poëte retentiront comme le souffle du vent sur les tombeaux des aïeux; enfin, tant qu'il y aura une mère qui n'oubliera pas notre mère commune, des lèvres enfantines répéteront dans ses chants la gloire de nos pères et la grandeur des douleurs de leurs enfants.

Il n'est donc pas mort? — Seulement il a accompli la tâche que Dieu lui avait donnée à remplir en l'envoyant à son peuple, tâche qui n'est confiée qu'aux hommes choisis par sa providence, et c'est là son triomphe. De ce moment datent les dures obligations qui retombent sur un peuple illustré par des hommes choisis de Dieu.

Voilà, mes frères, ce qui fera le sujet des paroles que j'ai à vous adresser, car l'unique moyen de célébrer dignement la mémoire de ces hommes que Dieu envoie aux nations qu'il tient en réserve, c'est de recevoir comme héritage leur mission, et plus tard de l'accomplir.

D'autres diront ce qu'ont été les jours qu'il a passés le long du doux rivage de la patrie, ce qu'ont été ceux qu'il a consumés dans les neiges de l'exil, quels travaux il a supportés dans les fers, jours de consolation pour lui, car il souffrait pour sa patrie et pour ses frères; qu'ils aillent gravir avec lui les cimes du Czalysdych; qu'ils l'accompagnent dans la demeure solitaire de l'exilé ou de l'ermite martyr du satrape : laissons aux savants le soin de faire une digne évaluation des services qu'il a rendus à la langue nationale et à la poésie dans notre patrie.

L'Église nous appelle en ce jour à une mission sainte : c'est en pesant les actes qui l'ont élevé si haut qu'elle nous ordonne de sanctifier ces moments si tristes pour nous de prières et d'instruction. L'Église me commande dans ce lieu saint de monter encore plus haut pour que j'aborde les questions les plus sublimes, les plus élevées, et que je vous prépare, en vous parlant du poëte, à une instruction commune, à une édifiante inspiration.

J'ai à soulever le voile qui cache les destinées du ciel, et à lire dans la vie du poëte la parole que Dieu adresse à son peuple par ma bouche : j'ai à publier cette parole comme son testament, comme le sceau de l'alliance entre la nation et le poëte, entre le poëte et Dieu.

Je tremble comme un enfant timide devant la grandeur de cette tâche ; je vois devant moi toute l'immensité des paroles que j'ai prononcées : là, Dieu dans les profondeurs de ses incompréhensibles mystères, qui envoie ses messagers sur tous les points du globe, impénétrable dans ses arrêts et dans ses voies ; ici, un de ses serviteurs, un de ses élus qui, par la puissance de son génie, la force de son imagination, est le dispensateur pour ainsi dire des dons de Dieu, et verse dans ses chants des pensées empruntées au ciel ; là, un peuple tremblant tout entier sous l'abondance de la rosée que l'enthousiasme du poëte verse sur sa tête ; ici, une faible étincelle du feu répandu à travers une nation de vingt millions d'hommes ! L'étincelle dévorera-t-elle la flamme, consumera-t-elle celui qui a ainsi répandu le feu ?

Pendant que je vous parle, mes paroles ne s'adresseront pas à vous seuls qui m'écoutez, c'est au peuple entier que ma voix portera son retentissement, comme si à mes yeux surgissaient le cercle auguste des sénateurs, la diète nationale, les escadrons des guerriers, les rangs serrés du peuple armé pour sa défense.

C'est de lui que je parlerai, car dès l'instant où une nouvelle de deuil s'est répandue dans la patrie, plus de paix pour moi : il faut que j'allége le cœur de la patrie et mon propre cœur en exhalant nos douleurs et nos regrets ; il faut que je dépose sur l'autel des cœurs de toute la Pologne une humble couronne, image de notre amour, de notre vénération ; que je dévoile les pensées et l'instruction que la vie et la parole du poëte gravaient si fortement dans nos cœurs. Dieu qui a inspiré le poëte viendra au secours de son serviteur : en lui repose toute mon espérance.

Ce n'est ni le hasard, ni la fortune aveugle, ni le fougueux emportement de l'orgueil, ni la masse inerte de la matière qui trace la voie des nations et qui dirige la marche des siècles : celui qui commande au monde, à l'humanité, aux nations, à l'homme, c'est Dieu, c'est le Dieu vivant ; c'est lui qui par ses arrêts donne dans les espaces infinis de l'immensité, à chaque étoile qui brille au firmament, à chaque atome qui compose et met en mouvement les mondes, une mission en vue de la grande harmonie du monde.

Dans la famille des hommes, il envoie des nations de races diverses accomplir d'un siècle à un autre ses arrêts éternels, afin qu'il y ait gloire à Dieu dans les cieux et paix aux hommes de bonne volonté sur la terre.

Et toi, nation, à laquelle Dieu a envoyé et vient de retirer son ange, son serviteur, toi aussi tu as été envoyée par Dieu dans ce monde, sa pensée est dans ton cœur, sa volonté vit en toi, en toi germe l'idée de Dieu : tu tresses la couronne qui entoure le trône glorieux de Dieu depuis le zénith jusqu'au nadir, à travers tous les temps, depuis la première parole de création jusqu'au retentissement de la trompette des archanges, jusque dans l'éternité !

Quelle est donc cette parole sacrée que tu dois répéter dans l'éternel trisagion de l'hymne des archanges ? ne m'interrogez point, mais écoutez.

Il retentit encore ce cri que redisaient les bataillons aux bataillons sur les frontières de notre terre; on entend encore dans les airs le mot d'ordre des guerriers recouverts de fer qui allaient combattre sous le signe de la croix aux cris de foi et liberté !

Foi et liberté ! répètent les forêts, les déserts de la Lithuanie et les rochers du pays des Tartares. Foi et liberté ! redit l'écho au bord de la mer, après les guerriers chevauchant au milieu des flots. Ces mots retentissent encore dans les plaines qu'arrose la Vistule et dans les steppes de l'Ukraine.

Voilà les cris que tu répétais sans cesse, ô ma nation, au temps de ta grandeur, quand aux côtés de tes guerriers surgissaient des ailes afin de faire voler ces saintes paroles chez tous les peuples d'alentour, afin de défendre et de garder ce trésor reçu du ciel, pour toi et pour toutes les nations voisines. C'était le cri de guerre de Boleslas le Brave, quand de l'occident à l'orient il garantissait la liberté des frontières, quand il recevait dans ses foyers, dans la personne du saint apôtre, la foi partout ailleurs persécutée; c'est par ces mêmes paroles que le grand Lokiesck calmait et assoupissait les discordes des enfants d'une même patrie.

Inspirée par cette même pensée, sainte Hedwige sacrifie tout pour affermir ses alliés et faire germer la foi au milieu du paganisme; elle devient une seconde mère pour la patrie et s'en va affronter les rigueurs de la vie des camps bien au delà de la frontière de son royaume. Ces mêmes paroles servent de bouclier au victorieux hetman Jean pour défendre les mères et les filles de la captivité et sauver la croix de l'affront qui la menaçait chez les peuples voisins.

Ces paroles sont l'essence même de notre histoire, notre appui pour accomplir la tâche que Dieu nous a inspirée, le secret de notre grandeur passée qui ne commença à fléchir que quand disparût ce mot qui vivifiait le moindre battement de cœur de la nation et sanctifiait tous les actes de l'histoire nationale.

Là se trouve le secret de la noble gravité de nos aïeux, et l'explication d'une ruine que rien d'ailleurs ne saurait expliquer; mais au sein de la ruine elle-même, Dieu n'a point permis que cette parole périt, que la pensée divine s'éteignît en nous. Cette sainte parole t'appartient, nation polonaise; il ne dépend point de toi de l'accepter ou de l'abandonner; cette pensée appartient au genre humain, auquel Dieu l'a transmise dans son immuable unité; elle appartient à Dieu, et c'est par elle que les nations goûtent le bonheur et glorifient le Seigneur de la terre jusque dans le ciel. Elle n'est pas seulement le fondement de ton passé, peuple polonais, elle est l'horoscope des missions que Dieu te prépare dans l'avenir. S'il est vrai que la nation dans les siècles passés ait entretenu cette pensée dans son cœur, quand les autres peuples vénéraient notre foi et enviaient la liberté simple qui florissait chez nous, on verra apparaître plus clairement à la lumière les destinées que nous avons eues, dans un temps où la foi souillée par une fausse sophistique est forcée de se cacher devant le fauve regard d'un esprit égaré, qui cherche à élever un édifice sur une base de matière inerte; dans un temps où la liberté se mesure à la toise, se pèse à la livre et s'échange contre de l'argent. C'est ce sentiment qui nous impose l'obligation d'entretenir ce feu de la foi dans les profondeurs de nos tombeaux, dans le sanctuaire de nos cœurs, afin qu'il soit inaccessible au souffle empesté du mépris et de l'incrédulité! Soulevons donc dans nos bras et portons bien haut la pensée de notre liberté, au-dessus de nos têtes, au-dessus de cette foule empressée à la poursuite du gain, au-dessus du bruit des révolutions; alors la foi répandra une vive clarté au sein de la nuit dans laquelle nous sommes plongés, et la liberté ne sera point souillée par la boue des cités, par le sang que font couler les tumultes populaires.

Quand arrivera le jour de gloire, nos voisins viendront à nous, et se courbant devant notre loi, ils imploreront pour eux la liberté; et nous, vertueux dans notre foi, nous partagerons avec eux ce pain reçu du ciel.

Ne me suis-je point détourné de la voie qui m'est tracée, en déroulant devant vous le tableau de tout notre passé, en allant jusqu'à soulever le voile qui cache les destins de l'avenir? n'est-ce pas manquer à l'ombre qui est en face de nous, en l'oubliant dans cet entraînement de la pensée et du cœur? Non; car ce qui vit dans la pensée de la nation vit aussi dans l'âme du poëte, et je ne saurais

plus dignement célébrer sa mémoire qu'en montrant comment la
vie de la nation entière s'est concentrée dans cette âme que le
monde vient de rejeter de son sein; oui, mes frères, la vie de la nation s'est cachée sous le voile de la poésie, et tandis qu'une génération débile ne savait lui donner d'aliment ni dans la puissance de
la pensée, ni dans la grandeur de ses actions. le poëte l'a prise sous
sa garde, et il l'a sauvée pour la restituer aux générations futures.

C'est cette foi, c'est cette liberté qui est l'essence de notre passé
et l'espérance de notre avenir. Dieu et la patrie, tel est le sujet
chéri du poëte, aussi ses chants sont-ils la vie et la parole de la nation; y avait-il en lui quelque pensée moins pure, quelque reste
de ce que nous trouvons dans la limite des choses de la terre? il le
laissa dans les murs du cloître d'Ostrobrama qui l'avaient retenu
captif; là, le poëte fit le sacrifice de tous ses sentiments personnels;
il les déposa dans le tombeau du dévouement, afin que de ce tombeau,
comme du berceau d'une vie nouvelle, sortît une âme dévouée à
Dieu seul et à la patrie. Celui qui n'est pas assez pénétré de l'idée
qui découle de l'âme de notre poëte pour entrevoir dans chaque mot
Dieu et la Pologne, celui-là ne comprendra jamais toute la profondeur, toute l'immensité des pensées qu'éveille dans notre imagination son chant mystérieux; pour celui-là le livre entier restera ce
qu'était l'énigme du sphinx, un impénétrable mystère; chaque mot
pourra frapper son oreille, mais l'âme du poëte sera muette pour
lui; il ne saura point comprendre la pensée ni juger les beautés
éclatantes de cet hymne qui dans son vol rapide ne se repose jamais que dans les cieux ou sur la Pologne.

Dieu et la foi l'ont aussi inspiré lorsque, dans une difficile et malheureuse lutte, il essaya de fouler aux pieds tous les poëtes, tous les
savants, tous les prophètes, et que, semblable à un esprit céleste, il
voulut s'envoler du cercle immense où Dieu a enfermé les planètes
et les étoiles pour atteindre les bornes infinies où règnent le Créa-
teur et la nature.

Que dans le désespoir de la douleur et au milieu d'une soif de foi, sa
pensée encore rebelle, que son âme s'élèvent contre les arrêts im-
pénétrables de Dieu, que dans l'emportement d'un orgueil qui l'ai-
grit, sa parole se tourne contre les lois inflexibles de la Providence,
toujours cependant, dans ce combat funeste, la voix de la vérité proclame les lois saintes de la foi, condamne un orgueil effréné, guérit
ces plaies douloureuses, verse dans le cœur le baume de l'espérance,
ne permet pas de s'attacher trop fortement à cette terre, tandis que
les esprits célestes, touchés de pitié et de douleur, le détournent
du précipice et lui voilent le front des ailes de l'espérance.

Ce n'est point là de l'impiété, c'est plutôt un combat contre le doute qui emporte le cœur du poëte au moment où il regarde sa malheureuse patrie, semblable à un fils qui voit son père attaché à la roue du supplice, combat affreux, orgueilleux, coupable, effrayant, mais combat d'où la foi sort victorieuse ; l'esprit recula devant le dernier mot, et il n'eut point le courage impie de faire un pas de plus dans ce chemin de l'orgueil. Il y a bien un combat, mais il n'y a point de victime immolée ; il y a un combat, mais un combat qui conduit à Dieu à travers les difficiles épreuves d'un nouveau purgatoire, épreuves qui font qu'un esprit grand, élevé, et fier auparavant de sa grandeur, se courbe et s'aplanit aussitôt comme une vallée, afin que découle sur lui, comme une source vive, l'inspiration de l'esprit divin. Le même esprit, condamnant cette rébellion de la raison et saisissant le drapeau de la foi, s'écrie avec allégresse : Tu as un maître, et toi tu n'es qu'un atome dans sa main toute-puissante... Il proclame avec bonheur que la lumière de la foi par laquelle le ciel nous inspire, éclaire le tranquille miroir de l'âme qui sans la foi deviendrait aveugle. Plus le combat qui s'était livré dans son âme aigrie était terrible, plus il abaissait vers la terre son front contrit ; il entonnait avec toute la puissance de sa voix un hymne d'admiration pour les arrêts mystérieux de la Providence.

Ouvrez donc, ô nations, les livres de la poésie contemporaine, et montrez-moi si vous trouvez un seul hymne où le poëte avec une foi aussi vive, avec une âme aussi enflammée, et parlant pour ainsi dire par la bouche des chérubins, exprime avec plus de grandeur les saints mystères de l'incarnation de Dieu, lorsqu'en chantant l'Annonciation, il célèbre la gloire de Jéhovah, et montre au monde anéanti la Vierge sainte et le Dieu incarné !

Après avoir offert à la grandeur des mystères l'hommage de sa vénération, voyez avec quelle touchante piété il s'adresse à cette mère céleste que notre nation a appelée sa reine, sa souveraine ; avec quelle simplicité enfantine il supplie la Vierge sainte qui défend Crenstochowa et brille dans Ostrobrama, de le ramener miraculeusement au sein de la patrie ! C'est elle qui, quand il était encore enfant, l'avait ramené à la santé des portes du tombeau, lorsque, mis par sa mère éplorée sous la protection de la Vierge, il allait jeune enfant dans le sanctuaire béni rendre grâce pour tous les bienfaits qu'il avait reçus.

Oh ! ne reconnaissez-vous pas en lui cette foi simple, innocente, ferme, inébranlable, qu'avaient nos pères, et qu'aujourd'hui conserve encore notre peuple à l'abri des tentations ? Si encore une fois le poëte s'engage dans l'obscur labyrinthe de l'illusion, à la poursuite d'une lumière trompeuse, et s'égare dans les voies détournées du mysticisme, c'est l'esprit du mal qui, ne pouvant refroidir en lui la foi, ni éteindre le feu sacré, ni voiler à ses yeux la lumière céleste, s'est changé en un ange de lumière pour lui montrer dans une image trompeuse la croix triomphante et la Pologne libre ; alors, dans sa foi en Dieu et dans son désir ardent de voir la patrie libre, il peut oublier ce qu'a dit le Seigneur :

« Prenez garde que quelqu'un ne vous séduise, parce que plusieurs viendront sous mon nom, disant : Je suis le Christ. » *Mat.*, 24-5.

Il peut oublier qu'il est écrit encore :

« Quand un ange du ciel vous annoncerait un Evangile différent de celui que nous vous avons annoncé, qu'il soit anathème. » *Gal.*, 1-8.

Il peut pour un moment s'égarer à la poursuite d'un feu qui brûle, mais ne vivifie pas, qui brille, mais n'éclaire point ; repentant aussitôt, il versera aux pieds du Dieu vivant les prières et les larmes de la pénitence.

Un esprit qui dans cette lutte fébrile tend constammeut vers Dieu est plus pénétré des rapports qui unissent Dieu à l'homme que celui qui dans son indolence est content de lui-même, ou veut follement faire plier les lois et les vérités les plus élevées aux vues étroites de son égoïsme. Sans doute ceux qui jugent sur les apparences se hâteront de condamner un homme égaré dans sa douleur ; ou bien, incapables de le plaindre ouvertement, ils refuseront, dans la petitesse de leur âme, un mot de louange à notre poëte dans ce jour funèbre ; mais je sais que l'Église n'est point une injuste marâtre, qu'elle est une mère, qu'elle condamne le péché, mais chérit le pécheur ; qu'elle sait le dompter et qu'elle pardonne à son repentir ; qu'elle se réjouit plus de la conversion d'un pécheur que de la persévérance de quatre-vingt-dix-neuf justes ; qu'elle cherche à diminuer ses torts, à élever le mérite, toujours fidèle à la tâche du Rédempteur qui n'est pas venu étouffer l'étincelle du bien, mais au contraire l'attiser et en faire éclore par son dévouement le soleil de la vérité pure et du véritable amour ! C'est de lui qu'il est dit :

« Il ne brisera point le roseau cassé, il n'achèvera point d'éteindre la mèche qui brûle encore jusqu'à ce qu'il fasse triompher la justice de sa cause. » *Mat.*, 12-20.

« Et les nations espéreront en son nom. »

« Dieu ne veut pas qu'une âme périsse, mais il diffère l'exécution de son arrêt, de peur que celui qui a été rejeté ne se perde entièrement. » II *Rois*, 14-14.

« Dieu exerce envers nous sa patience, ne voulant point qu'aucun périsse, mais que tous retournent à lui par la pénitence. » II *Ep.*, *Pierre*, 3-9.

Autant dans ses propres douleurs il cherchait à se mettre sous la garde de Dieu, autant il chérissait la patrie dans les souffrances de la nation, soulageant par ses chants les maux de cette mère commune.

Son âme s'était incarnée dans la patrie, son corps avait reçu en lui l'âme de la patrie. « Moi et la patrie, nous ne sommes qu'un ; je m'appelle un million. » En effet, c'est pour des millions d'hommes qu'il aime, qu'il endure les supplices. Maintenant que, se dérobant à son propre bonheur, il a fait le sacrifice de tout son être à la souffrance, à la grande douleur de ses compatriotes, maintenant feuilletez pensée par pensée, parole par parole, toutes les pages de sa vie, vous n'y trouverez aucune pensée, aucune parole qui ne soit empreinte des souffrances de la patrie ; chaque idée est une larme, chaque parole une goutte de sang, chaque sentiment une prière, une plainte, une aspiration à la liberté et au bonheur de la patrie. Que le poëte approfondisse la grandeur des temps passés ; que son âme aille sonder le gouffre profond de nos souffrances actuelles, que son œil inspiré plonge dans les ténèbres de l'avenir, toujours par son amour pour la patrie il entraîne avec lui les âmes qui l'écoutent.

Prêtez l'oreille à sa voix plaintive, lorsqu'il nous montre nos aïeux vénérables qui n'ont point laissé de descendants dignes d'eux, lorsqu'il évoque le passé du tombeau ; voyez comme au son de sa voix les os des morts se réunissent pour former de gigantesques images, comme la poussière et les décombres sortent des colonnes et des palais ; ne voyez-vous pas dans le lointain, à travers les portes des antiques forteresses, briller les casques des rois et des guerriers ? l'âme de l'ancienne Pologne vit dans ses chants, il nous fait oublier au moins pour un instant notre infortune présente.

Puis, quand les gémissements plaintifs de ses compatriotes couvrent la voix du passé, il verse ses propres feux dans l'âme de celui qui l'écoute, il enlève par sa voix puissante les cœurs de ses concitoyens, afin qu'inspirés par ses chants, ils représentent en eux, du moins pour un moment, les sentiments qui faisaient battre le cœur de leurs pères ; afin qu'ils puissent sentir leur grandeur passée, et vivre un instant au moins comme ont vécu jusqu'à la mort leurs glorieux ancêtres.

Voilà comme il aimait la patrie, et c'est de cet amour qu'il nous abreuvait dans ses chants. Peut-être qu'ayant ses regards fixés continuellement sur le pâle visage de cette mère malheureuse, embrassant les plaies profondes de son cœur, lavant de ses larmes le sang qui s'en échappait, il crut, avec des yeux qui appartenaient à cette terre, voir une inspiration du ciel; peut-être que, ne sachant jamais séparer les mystères divins d'avec les intérêts de la patrie, il n'éleva pas assez les premiers et plaça trop haut les seconds; peut-être que, s'abîmant dans ses inspirations, il ne sut pas à l'un fixer une fin, à l'autre un commencement; mais c'est précisément en cela que résident les véritables rapports qui l'unissent à la nation, c'est ce qui en fait la parole de la génération actuelle, ce qui nous montre tout ce que le poëte est pour la nation; car cette imperfection dont je viens de parler, si on peut l'appeler imperfection, nous est commune à tous.

Dieu et la nation! telles sont, mes frères, les paroles que je vous avais annoncé que j'emprunterais à notre poëte, paroles désormais rendues inséparables par la nature de ses chants; ce n'est pas moi qui vous les transmets, allez les recueillir au pied du lit funèbre du poëte; allez les recueillir comme l'héritage du père de notre poésie; depuis longtemps, mes frères, il vous les avait léguées dans un testament écrit avec une plume empruntée au ciel, il les avait célébrées dans ses chants, il les avait écrites avec le sang de son cœur, avec les larmes de son âme. Acceptez comme la propriété de la patrie ce chant qui retentit encore dans les airs, car il parlait à notre âme, comme parlait le Psalmiste aux Israélites sur les confins de la terre de Babylone.

« Si je viens à t'oublier, ô Jérusalem, que ma main droite devienne sans mouvement; que ma langue demeure attachée à mon palais, si je ne me souviens toujours de toi, si je ne mets ma plus grande joie à m'entretenir de Jérusalem. » *Psalm.*, 136.

Que cette parole traverse tous les destins que prépare la divine Providence, que les mères la répètent à leurs fils et à leurs petits-fils dans les générations les plus reculées, jusqu'à ce qu'il plaise à Dieu de changer ces paroles : *Dieu et la nation*, pour faire place à celles-ci que répétaient nos pères : *Foi et liberté.*

J'ai terminé; mais quelle pensée mettrai-je dans vos âmes, mes frères, en me séparant de vous et en vous remerciant? Vous d'abord, monseigneur; vous aussi, membres du clergé; vous, fidèles, et vous tous, mes frères, qui êtes venus mêler vos pleurs dans cette triste cérémonie, quelle pensée déposerai-je dans vos âmes en me retirant?

Regardez! sur le tertre où s'élève le tombeau du poëte sont agenouillés en pleurs des millions d'hommes, mais sur le sommet voyez à genoux six jeunes orphelins : ils ont perdu la mère qui nous est commune à tous, ils ont perdu leur propre mère, et aujourd'hui ils pleurent le poëte de la patrie, ils pleurent leur propre père.

Recouverts du crêpe funèbre, ils n'osent pas tourner leurs regards sur le monde, de peur de se voir isolés, abandonnés, oubliés dans leur misère! Nation, de qui sont ces enfants? — Ce sont les enfants de ton poëte, nation! ce sont tes propres enfants.

Ce que tu leur dois, ce n'est pas la pitié ni la miséricorde, mais la reconnaissance due à leur père et le respect que mérite une si grande infortune.

Ce n'est point une aumône que je demande, je ne veux point humilier la nation : c'est une dette que je réclame pour eux, une dette que tous nous avons contractée envers eux et envers leur père.

Maintenant reconnaissons nos fautes particulières et les fautes communes à la nation : si notre poëte a été, ô nation, ton image et comme la persónnification de la patrie, songe au salut de ton âme! Il est l'os de nos os, le sang de notre sang; lui qui vivait par la pensée de la nation, il en respirait les sentiments, il a partagé sa destinée comme ses fautes et ses faiblesses; en priant pour le poëte, vous prierez pour les fautes de la nation; en implorant la miséricorde divine pour son âme, vous ferez un pas de plus dans la voie de votre salut. Par ses chants il unissait la nation à Dieu, aujourd'hui c'est à la nation, par ses prières, à lui rendre Dieu favorable ; il nous chantait la foi, il nous appelait ici-bas à la liberté, et nous, par la foi, nous le conduirons à la liberté éternelle.

Que cette sainte cérémonie pour le repos de son âme ne ressemble point à une réunion d'ombres muettes et glacées; qu'elle ne soit point une pâle et indigne imitation de la foi de nos pères; qu'au contraire l'esprit de prière y verse sa vertu vivifiante, qu'il allume le feu sacré dans nos cœurs, afin que l'auréole d'une gloire plus éclatante que toutes les gloires de la terre brille sur le front de ce fils chéri de la nation. Que celui qui à cause de nous n'a point goûté la paix sur la terre, obtienne par nous un pardon éternel auprès de Dieu vers lequel son âme aspirait toujours; que ses vœux soient accomplis; que par vos prières, que par votre intercession, que par vos sacrifices, il obtienne ce trésor de science qui étalera à ses yeux tous les grands mystères du monde! Si vous ne cessez point de prier pour la Pologne, ne cessez pas non plus de prier pour son poëte.

Que les saints patrons de la Pologne nous secondent, que les saints anges, que des millions de cœurs polonais viennent prendre part à ce concert de prières et répètent avec moi :

Seigneur, donnez-lui le repos éternel, et faites luire sur lui votre éternelle lumière.

Ainsi-soit-il.

Paris. — Imprimerie de Walder, 44, rue Bonaparte.

www.ingramcontent.com/pod-product-compliance
Lightning Source LLC
Chambersburg PA
CBHW061253060726
47596CB00002B/576